西方哲学史上的
宽容思想研究

IDEAS OF TOLERATION
IN
HISTORY OF WESTERN PHILOSOPHY

刘曙辉　著

社会科学文献出版社
SOCIAL SCIENCES ACADEMIC PRESS (CHINA)

内容摘要

宽容是行为主体对其不喜欢或不赞成的行为、信仰或生活方式有意向干涉却不干涉的一种有原则的克制。在概念分析的基础上，本书追溯了西方哲学史上的宽容思想。

在古希腊哲学中，宽容体现在苏格拉底的对话方法与亚里士多德的中道学说和政治友爱观念之中。在古罗马哲学中，宽容是斯多葛派追求宁静的一部分。

中世纪哲学中的宽容思想与宗教信仰有关，一是如何对待基督教内部的异端，一是基督教信仰、犹太教信仰和伊斯兰教信仰之间的共存。

文艺复兴时期的哲学主要是人文主义哲学，人文主义的宗教宽容辩护集中在三个方面：第一，劝说高于暴力；第二，区分信仰的根本要素和非根本要素；第三，强调伦理是基督教的核心，伦理高于教条。

近代西方哲学中的宽容思想最为丰富。17世纪，哲学家们通过重新考察宽容的《圣经》根源以及宗教信仰与政治权力之间的关系来限制不宽容的破坏力，代表人物有斯宾诺莎和洛克。18世纪，哲学家们将宽容讨论与对怀疑论的批判联系在一起，代表人物有伏尔泰和康德。

　　密尔的《论自由》标志着宽容观念的现代转变，宽容的对象不再限于宗教差异，也包括文化、社会和政治的多样性。

目　录

引　言

什么是宽容？为什么要宽容？如何把握宽容的限度，使宽容不至于成为纵容？如何避免宽容的悖论？我们可以从西方哲学史上丰富的宽容思想中寻找启示。当今关于西方哲学史上宽容思想的讨论主要集中于四个方面。

第一，宽容的产生。大多数人，例如罗尔斯和哈贝马斯，把西方宽容观念的产生追溯到16、17世纪的宗教战争，但这一历史叙事受到质疑。实际上，正好相反，"现代自由主义产生于十六、十七世纪的宗教战争之后，在宗教宽容方面有相关论据支撑"。① 如果我们只是把宽容当成一种政治原则，它确实是在宗教改革后才成为西方政治—哲学论述中的一个中心概念，但是宽容也是个人伦理生活的美德，因而其历史延伸到古代。萨辛（B. Sahin）探讨了柏拉图和亚里士多德对宽容概念发展的贡献。② 该文第一部分分析了怀疑论与宽容之间的关系。对柏拉图和亚里士多德知识理论的审查表明，二者

① Monique Deveaux, "Toleration and Respect", *Public Affairs Quarterly*, 1998, 12 （4）: 407.

② Bican Sahin, *An Investigation of the Contributions of Plato and Aristotle to the Development of the Concept of Toleration*, University of Maryland, 2003.

都不是怀疑论者，因此他们都没有基于怀疑论促进宽容的出现。柏拉图符合"教条主义者"的定义，而亚里士多德在道德和政治领域的知识主张方面更为温和。在亚里士多德不会绝对地拒绝其他意见的情况下，可以预期他会更加宽容。第二部分考察了审慎与宽容之间的关系。仔细研究柏拉图和亚里士多德的道德观点和政治观点后，显而易见的是，柏拉图强调个人和社会的和谐与秩序，在这一程度上拒斥道德和/或意识形态差异可能引起的冲突。所以，他对强调稳定与和平而非和谐的冲突没有审慎的态度。另一方面，亚里士多德对城邦中的政治冲突表现审慎的态度。尽管亚里士多德有着理想的政治观点，冲突被最小化，但是他不排斥不完善的政治安排。亚里士多德的政治友谊概念提供了一个私人空间，在其中公民可以体验差异。在这一方面，于审慎的基础上，亚里士多德的政治友谊概念与现代的宽容概念相似，即不在公民中间强迫一致。菲亚拉（A. Fiala）探讨了爱比克泰德和马可·奥勒留的宽容思想，并将宽容与斯多葛派在追求自足和正义过程中对激情的适当控制联系起来。其认为斯多葛派的宽容既不是冷漠，也不是相对主义。① 卡里·尼德曼（Cary J. Nederman）等人则反对把中世纪的欧洲描绘成一个铁板一块的迫害型社会。《超越迫害社会——启蒙运动以前的宗教宽容》（*Beyond the Persecuting Society*: *Religious Toleration before the Enlightenment*）一书指出，西方社会有一个容易被粉碎的神话，即自启蒙运动以来，西方社会一直有一种致力于保护个人与群体之间差异的理想，还有另一个太容易被接受的神话——在现代世俗主义兴起之前，整个欧洲不宽容且迫害盛行。约翰·克里斯蒂安·劳森（John Chris-

---

① Andrew Fiala, "Stoic Tolerance", *Res Publica*, 2003, 9 (2): 149 – 168.

tian Laursen)、卡里·尼德曼以及其他九位学者试图消解第二种归纳。不宽容和宗教迫害一直是人类历史上一些最大苦难的根源，然而中世纪和现代早期的欧洲仍然在很少有人意识到的规模上实施宽容，提出宽容理论：在约翰·洛克撰写了著名的《关于宽容的一封信》之前，基督徒和犹太人、英国人、法国人、德国人、荷兰人、瑞士人、意大利人及西班牙人都拥有宽容的辩护者和实验。该书对这段过去的想象进行了详细而决定性的修正，即过去在拥抱和憎恶多样性上没有现在那么复杂。① 《差异与异议：中世纪和现代早期欧洲的宽容理论》（Difference and Dissent：Theories of Toleration in Medieval and Early Modern Europe）指出重新评估宽容理论的起源的必要性。哲学家、思想史学家和政治理论家认为宽容理论的发展是现代世界的产物，约翰·洛克通常被认为是第一个关于宽容的理论家。然而，各位作者讨论了中世纪和现代早期思想家用来支持宽容理论的一系列观念立场，并质疑洛克拥护者的以下主张，洛克的宽容理论具有原创性或在哲学上是充分的。② 《差异的世界：1100～1550年欧洲的宽容思想》（Worlds of Difference：European Discourses of Toleration, c. 1100 – c. 1550）一书指出，宽容已经成为自由主义政治哲学的重点，但是随着自由主义受到攻击，即它不利于处理多元世界的所有问题，因此人们需要其他资源。尼德曼引导我们关注自由主义之前的关于宽容的创造性思考，详细讨论了那时基督教内部提出的

---

① John Laursen & Cary J. Nederman, *Beyond the Persecuting Society：Religious Toleration before the Enlightenment*, University of Pennsylvania Press, 1998.

② Cary J. Nederman & John Christian Laursen, *Difference and Dissent：Theories of Toleration in Medieval and Early Modern Europe*, Rowman & Littlefield, 1996.

回应宗教差异、文化差异、民族差异和种族差异的各种思想。① 这些
著作不仅有利于我们改变对中世纪欧洲的偏见，而且有助于我们理
解现代宽容理念的出现并不是一个简单的从无到有的过程，而是经
过了古希腊到中世纪再到现代的不断演变，是西方哲学家在历史与
现实的激荡中逐渐领悟到的一种智慧结晶。

第二，宽容的发展。一些人主张，从洛克、密尔到罗尔斯，宽
容的发展是线性的。另一些人则主张，宽容的发展是非线性的。格
雷尔（O. P. Grell）和斯克里布纳（Scribner）主编的《欧洲宗教改
革中的宽容和不宽容》（*Tolerance and Intolerance in the European Refor-
mation*）一书向人们提供了欧洲宗教改革中宽容和不宽容的作用与
位置的一个新解释，对占主导地位的学术观点提出质疑，该观点认
为，除了 16 世纪 20 年代新教出现后短暂的迫害时期，在 15 世纪晚
期和 17 世纪之间的现代早期宗教宽容中可以看到理论和实践上的稳
步扩展。相反，他们指出，宽容的发展不存在普遍向前的发展级数，
在具体的社会政治环境中宗教宽容和不宽容往往纠缠在一起。② 在
《仁慈的仇恨：1500～1700 年英国的宽容与不宽容》（*Charitable Ha-
tred：Tolerance and Intolerance in England，1500 – 1700*）一书中，亚历
山大·华尔沙（Alexandra Walsham）对于现代早期英国的宗教宽容
和不宽容提出了一个具有挑战性的新观点。她抛开从迫害到宽容的
线性发展的传统模式，强调在 16、17 世纪这两个冲动之间存在复杂

---

① Cary J. Nederman，*Worlds of Difference：European Discourses of Toleration*，*C. 1100 –
C. 1550*，Pennsylvania State University Press，2000.

② Ole Peter Grell，Bob Scribner & Robert W. Scribner，*Tolerance and Intolerance in the Europe-
an Reformation*，Cambridge University Press，2002.

的相互作用。①

　　第三，宽容的论据。宽容的论据大致有四大类：宗教论据、审慎论据、认识论论据和道德论据。宗教论据具备爱、两个王国的观念和良心自由；审慎论据着眼于不宽容的社会成本、经济成本和政治成本；认识论论据有怀疑论、相对主义和人的可错性等；道德论据有谦逊、自制和自主等。在讨论不同哲学家的宽容思想时，学者们对于他（她）采取何种论据存在争议。例如，密尔的宽容论据是功利主义的功用、认识论的可错性还是道德方面的自主，学者们意见不一。

　　第四，宽容研究执迷于洛克能否获得证明。许多人（如约翰·霍顿）认为洛克是现代宽容的发明者，在他《论宽容的一封信》中对宽容观念的阐述和辩护说明得最充分，从而出现了西方宽容研究中的"洛克情结"，其中又以《聚焦〈论宽容的一封信〉》（*John Locke's A Letter Concerning Toleration in Focus*）一书最为著名。② 但是，越来越多的研究者指出，如果摆脱盎格鲁中心主义的束缚，人们会发现洛克的宽容论证不具原创性，因为许多论据在卡斯特利奥的《论异端》中已经存在；此外，洛克主张的宽容范围没有同时期培尔主张的范围广，因为他拒绝将信仰自由扩大到天主教徒和无神论者。

　　要深刻地理解宽容的产生、发展以及论据，并消除宽容研究中的"洛克情结"，我们需要追溯西方哲学史上不同宽容观念的产生和

---

① Alexandra Walsham, *Charitable Hatred: Tolerance and Intolerance in England, 1500 – 1700*, Manchester University Press, 2006.

② John Horton & Susan Mendus, *John Locke's A Letter Concerning Toleration in Focus*, Routledge, 1991.

发展，分析不同哲学家宽容思想的异同，辨别不同宽容论据的优劣，从而避免宽容的悖论。希望通过这种历史研究与理论研究的相互渗透，我们不仅可以加深对宽容本身的了解，而且可以加深对西方哲学史的了解。

第一章 宽容的概念[*]

在考察西方哲学史上的宽容思想之前，首先我们有必要对宽容的情境和宽容的概念进行分析。

1 宽容的情境

在什么情境下我们需要宽容？如果世界是一个没有差异的世界，宽容有无必要？即使有差异，如果我们总是能够把他者的利益放在第一位，能够完全站在他者的角度来思考和解决问题，面对与我们不同的行为、信仰或生活方式，我们总是积极赞成，宽容还有无必要？宽容的必要性涉及宽容的情境问题。宽容的情境分为客观和主观两方面：一方面，差异是不可取消的，我们不可能通过暴力和对抗来消除差异，只能调解；另一方面，自我的局限使行为主体在面对差异时会以自己的标准来度量他者的是非善恶，这种自我中心将导致对他者的不宽容。差异的不可取消性和自我的局限性共同决定宽容是必要的。

---

* 本章主要参考刘曙辉著《宽容：如何在差异中共存》，上海三联书店，2013。部分内容有改动。

(1) 差异的不可取消性

世界是一个差异的世界。尊重差异就是尊重世界的固有法则；反之，就是违背世界的固有法则。因此，我们应该顺应世界的差异本性。其中，差异包括三个维度，即本体论维度的差异、知识论维度的差异和价值论维度的差异。

① 同一与差异

纵观传统哲学的发展历程，追求同一是人们最为强劲和持久的冲动。它几乎席卷了所有传统哲学的各个流派，覆盖了整个思想领域的各种论争，或隐或显地控制了几乎所有哲学家的理论思维。这就是本体论哲学的传统形而上学。贺来对本体论哲学的理论使命以及对本体的特征进行了深刻的揭示。[①] 本体论哲学有一个明确的理论使命，即确定一个绝对的中心和最后的基础，提供一个最高权威和终极审判者，这就是那个唯一的、绝对的本体。在历史上，本体论哲学的表现形式多种多样，不同哲学流派所推崇的本体也各不相同，但所有本体都具有以下的共同特征：第一，本体绝对真实而且绝对完美。现象是变幻莫测的，实体处于现象背后并对现象进行规定，它是纯粹的、超验的、本质的，是至真、至善的。第二，本体永恒在场，绝对同一。实体将一切差异统摄于同一之中，将未来与过去统摄于现在的永恒之中。万物生死无常，本体则超越时间、空间而永恒存在，它是一元的、普遍的、绝对的统一体。第三，本体是终极目的与价值源泉。它提供永恒的真理，提供与历史和现实无关的价值原则和价值框架，为正义、德性、善行等奠定最后的基础，万物来源于它又复归于它。

---

① 贺来：《宽容意识》，吉林教育出版社，2001，第49页。

从上述特征可以看出，本体是一个具有最后发言权的最高权威，它是现象背后的那个绝对不变的"一"。对同一性的狂热追求必然导致对差异的极度排斥。随着本体论哲学同一性冲动所带来的负面效应，尤其是 20 世纪奥斯威辛集中营所犯下的惨绝人寰的罪行，同一性开始受到严厉的批判。在《否定的辩证法》一书中，阿多诺（Theodor W. Adorno，或译阿多尔诺）对同一性逻辑进行了证伪。

"一"是西方文化的逻辑基点，从古希腊到中世纪再到现代，几乎所有哲学理论都以"一"为元点。在康德那里发生了一场哥白尼式的革命，"一"被悬置成自在之物，再一次回到物像。他直接指认出被人们误以为是客观本体的认知构架。但是，康德最终还是用先验统觉将世界归一。阿多诺认为，费希特（J. G. Fichte）将康德哲学所确立的主体性夸张地表现出来，康德哲学中那个伪装成先验构架的主体直接以自我统治者的姿态立于世界中心。黑格尔则进一步将这个绝对的"一"客观化为某种具有神性的绝对观念。在唯心主义观念中，占统治地位的是这样一种意识形态，即"非我以及一切最终在我看来属于自然的东西都是劣等的，所以自我保护思想的统一体可以毫无顾忌地去吞没它们"。① 唯心主义标榜思维同一性，主体性吞噬了对象，黑格尔是此种哲学之集大成者。阿多诺认为，从尼采、叔本华、胡塞尔一直到海德格尔和萨特，都不过是绝对观念的改头换面，换之以"权力意志"、"意向性"或"存在"，实质都是主体同一性的圈套。

两次世界大战、特别是纳粹的奥斯威辛集中营宣判了主体同一性原则的死亡，也宣告了整个西方同一性文化的失败和死亡。阿多

---

① 〔德〕阿多尔诺：《否定的辩证法》，张峰等译，重庆出版社，1993，第 21 页。

诺对唯心主义主体同一性原则的批评并不是实证主义和旧唯物主义的简单回归。实证主义和旧唯物主义确证的同样是同一性，即把人直接变成自然物质系统等级中的一个隶属物。阿多诺致力于废除等级，而不是把客体放回主体曾经占据的同一性位置上。与此同时，他认为恩格斯只是简单地颠倒了黑格尔，制造的仍然是物质第一的本体论。虽然成熟的（即《资本论》时期）马克思主张物质先于精神，是一种唯物世界观，但他不再坚持绝对、不变的"一"，从而将自己的历史唯物主义与庸俗的形而上学唯物主义区分开来。

真正科学的唯物辩证法是一种非强制、非同一的辩证认识和批判理论，即否定的辩证法。这种否定的辩证法是一种非同一性的意识，是完全开放的，它与黑格尔的强制同一辩证法是不相容的。阿多诺认为，虽然黑格尔也看到了矛盾，但其辩证法的目的在追求同一。把否定之否定等同于肯定性是同一化的精髓，正是在这个意义上，黑格尔的辩证法最终只是一种矛盾的调和。与此不同，否定的辩证法正视矛盾的客观性，从差异到非同一的矛盾关联是辩证法的本质。辩证法的运动怀疑一切同一性，这是一种瓦解的逻辑，"瓦解认识主体首先直接面对的概念的、准备好的和对象化的形式"。[1] 同一性思维想说的是某物归于什么之下、表现了什么以及本身不是什么，而非同一性思维想说的是某物是什么。对于真正的哲学来说，非同一性才是它的主旋律。阿多诺所主张的反体系、去本体的非同一性思维并不意味着完全拒绝统一，只是强调这种统一不是从一个概念到更一般的总括性概念的逐步递进，而是一个概念的"星丛（constellation）"。

---

[1] 张一兵：《无调式的辩证想象》，生活·读书·新知三联书店，2001，第61页。

从阿多诺开始，思想家们对同一性开展了持续不断的批判和解构，使差异最终恢复应有的地位，其中福柯是最具影响的人物之一。1966 年，福柯发表了《词与物——人文科学考古学》一书，其中他揭示了 17 世纪中叶和 19 世纪初发生在西方文化知识类型中的两次巨大的断裂。第一次知识的断裂是从传统的知识类型转变为古典的知识类型，标志着能构建知识的相似性原则被同一与差异原则所取代，标志着阐释被分析所取代，标志着词与物从同一走向分裂；第二次知识的断裂是从古典的知识类型转变为现代的知识类型，同一与差异被有机结构所取代。① 在每次转变中，知识的整个类型发生改变，而新的知识类型不可能从之前的知识类型中引出，这就是知识的非连续性。连同库恩的范式理论，福柯的这一思想进一步激活了法国的差异思维，福柯本人也成功地完成了由一个结构主义者向后结构主义者的转变。结构主义是一种包罗万象的整体主义。作为这一思想的代表，列维－斯特劳斯曾致力于寻求一种不变的、无所不包的代码，这种代码不仅能够解释所有文化的现象，而且能够深入自然现象的物理和化学条件，并和自然的现象一起统一地掌握所有文化的现象，这个代码就是无意识的深层结构。在《结构人类学》一书中，列维－斯特劳斯认为，神话、亲属关系和语言都隐藏着深层结构，这些深层结构是人类心灵的一种无意识的机制或能力所建立的。② 最初，福柯就是以列维－斯特劳斯为榜样，这反映在他关于知识结构的主张上。他指出，一个时代的各种知识领域和知识

① 〔法〕米歇尔·福柯：《词与物——人文科学考古学》，莫伟民译，上海三联书店，2001。
② 〔法〕克洛德·列维－斯特劳斯：《结构人类学》，张组建译，中国人民大学出版社，2006。

种类只是表面上不同，事实上都是同一种知识——无意识的、"考古学式"的知识的不同表现。与此不同，在《词与物》中，福柯指出在一个知识类型与另一个知识类型之间存在着无法超越的非连续性。

福柯的差异思想继续激励着后现代思想家在差异领域的探索。1968 年，德勒兹（G. L. R. Deleuze）在《差异与重复》一书中讨论了差异这个题目。他试图把差异从同一性和否定的约束中解放出来，使差异变成自由的差异，使之摆脱同一性、类比和对立等古典范畴的束缚。这样一来，差异不再和同一性相连，而只是与其他差异发生联系。这些差异相互构成分散的、活动的网络，是一种游牧式的分布。它们之间的联系不再是依靠一个包罗万象的代码，而是依靠一种"非正式的混乱"。① 后来，德勒兹通过"根茎隐喻"进一步阐明了差异的思想。根茎（rhizome）不同于古典的树（tree）。在树状思维中，树以等级原则容纳所有差异。与此不同，在根茎思维中，根和枝之间不存在区别，根茎和它的环境经常进行互动交流。根茎思维不是单子式思维，而是游牧式思维，它产生没有系统的和出乎意料的差异。

德勒兹通过"根茎"概念使差异思维达到了一个重要的发展阶段，差异思维无须再害怕同一性思维的压制。1968 年，德里达（J. Derrida）开始着手研究福柯提出的"人的消亡（Death of Man）"问题，做出题为《人的终结》（*End of Man*）的学术性报告。② 在这

① 〔德〕沃尔夫冈·韦尔施：《我们的后现代的现代》，洪天富译，商务印书馆，2004，第 214~215 页。
② 在 1968 年 10 月美国纽约"哲学和人类学"国际会议上，德里达做了以"人的终结"为题的演讲，该文收入《哲学的边缘》一书。

个报告中，德里达通过让后结构主义的福柯反对结构主义的福柯，解决了福柯提出的问题，指出人的终结包括两层意思：一是最终目的及其实现方面，二是人的必死性和有限的方面。其中，德里达提出一种多元战略，这不仅意味着他对现代的看法发生改变，而且意味着他与整个形而上学传统的决裂。这种与传统形而上学毫无关系的多元性不是多种起源按其顺序互相关联或互为作用的多元性，而是每个意义要素分散进入轨道的多元性。多元性中的每个意义要素都会以另一些意义要素为参照物，并且对它们保持开放状态，而且与所在轨道保持永久紧密的联系。正是因为每个意义要素与其他的意义要素和轨道之间是一种开放、流动的关系，所以意义从来不在场，而是被分别撒播在不同的轨道里。差异不像原子一般分裂，而是通过撒播和交叉的轨道相互联系。差异和撒播恰恰是构成意义的方式，也只有依靠差异的运动，意义才可能产生出来。德里达把差异看作一种基本的现象，成功地把差异思维推向极致。

通过阿多诺、福柯、德勒兹和德里达等人的努力，差异终于得以摆脱同一性的束缚和奴役而获得解放。"异"而不是"同"、"多"而不是"一"是世界的本来面貌，尊重差异，就是尊重世界的法则，这成为宽容的本体论根据。

② 知识的可错

世界是差异的，而每个事物也是极其复杂的。每个人用各自的方式、从不同的角度去观察和透视事物，而每种方法与角度都只能看到事物的局部、某个方面、某个层次，根本不存在可以把事物各个方面一览无余的角度。这表明，真理具有多重性。相应的，知识是可错的。知识的可错就是知识不是确定的，而是不充分和不完全的。但是，需要着重指出的是，"可错"不等于"必错"，它只是与

"必真"相矛盾，而与"可真"并不矛盾。因此，主张知识的可错性并不是认同怀疑主义。

在《猜想与反驳》一书中，卡尔·波普尔（Karl Popper）认为科学是猜测性的知识，人们关于普遍性和必然性的知识往往是易错的。① 以往认识论假定，真理是明显的。例如，柏拉图认为哲学家的"精神之眼"能够看清本体或本质，经验主义则认为人们的经验能够最终得出真正的科学理论。波普尔则提出，真理不是明显的。认识来源于观察，但观察并不能提供权威的准确无误的知识。人们的知识难免会出现错误，即使是科学知识也不一定是真知，而可能只是一种意见。例如，"地心说"曾经被视为是绝对正确的理论，但现在已经被证明是错误的。因此，波普尔提出了可错论（fallibilism）。在波普尔看来，错误与真理并不是两个绝对对立的概念，只有从错误中学习，逐步消除错误才能接近真理，因而错误本身包含着客观真理的思想。虽然任何人都无法宣称自己的知识是绝对真理，但是错误的理论可以促使人们提出更好的新理论，不断探求，不断前进，不断地接近客观真理。可错论要求人们宽容异己的思想，通过不断的批判和自我批判来认识真理。

沿着波普尔开拓的方向，拉卡托斯（Lakatos）进一步发展了可错论。与传统的基础主义认识论相反，可错论否认认识有任何绝对可靠的基础。因此，一切对世界的认识都不是绝对无误的，一切知识都是猜测的、可错的、易谬的。传统的认识论都是基础主义（fundamentalism）的认识论，最典型的就是古典唯理论和古典经验论。

---

① 〔英〕卡尔·波普尔：《猜想与反驳：科学知识的增长》，傅季重等译，上海译文出版社，2005。

尽管它们在"认识的基础是什么"这个问题上的看法根本对立，但它们都认为认识要有一个基础，唯理论认为是人的理性，经验论认为是人的感觉经验。拉卡托斯认为，可错论可以追溯到古希腊的哲学传统。在认识论上，希腊哲学分为怀疑论和独断论两大派别。怀疑论者从感觉的相对性、认识的相对性和思维的内在矛盾性得出了不可知论的结论，因此，他们把那些相信存在着客观的世界，特别相信能够发现真理的人叫做独断论者。在中世纪，借助于宗教的力量，独断论一统天下，主张神学知识是不容怀疑的真理，这引发了宗教领域的专断横行，而且借助于世俗教会的力量波及政治和道德领域，导致了残酷的宗教战争。天主教与新教的战争所造成的巨大痛苦和混乱导致了宽容的怀疑论的启蒙运动："关于最本质事物的真理是无法证明的，所以人人都有自己信仰的权利。"[①] 这种见解的著名代表是培尔。由于这种观点的传播，怀疑论重新得以流行，可错性进一步影响人们的头脑，但是怀疑论很快又被不宽容的独断论所取代。因为牛顿的巨大发现，人们迫切希望赶走一切黑暗，让科学的光明普照人类知识的所有领域，这埋下了极权的隐患。需要指出的是，拉卡托斯的可错论既不等同于怀疑论，因为它并不悲观地认为我们无法获得任何知识，也不等同于独断论，因为它并不认为我们可以获得任何绝对无误的知识。

与此类似，皮尔斯（C. S. Peirce）也提出了可错论的主张。他认为，人们不可能获得绝对的确定性，"科学的目的在于追求生气蓬勃的真理，而不在于追求一成不变的真理"。[②] 任何信念或科学结论

---

① 〔英〕伊·拉卡托斯：《科学研究纲领方法论》，兰征译，上海译文出版社，1986，第 309 页。

② 涂纪亮：《美国哲学史》（第二卷），河北教育出版社，2000，第 105 页。

都有可能因其错误而被推翻，即使已经确立的真理也可能需要修正，因此科学结论不是绝对可靠的。科学知识总是不断地在批驳、修正、补充甚至否定的过程中发展，而我们的知识本质上没有一个无可置疑的基础，因此没有一个结论可以免于批判。

通过波普尔、拉卡托斯和皮尔斯等人的分析，我们更加确证"可错"不等于"必错"，它只是与"必真"相矛盾，而与"可真"并不矛盾。主张知识的可错性并不是一种怀疑主义的论断，而是告诉人们：我们的知识是有限的，而我们的无知可能是无限的。在追求真理的过程中，我们不可能做到全知，因此错误在所难免。错误并不是一种完全负面的东西，当我们能够辨别错误本身的时候，这表明我们有追求真理的能力。只要我们在探寻真理的过程中不封闭自身，而是与他人进行真诚而又激烈的讨论和辩难，那么错误就成了剖析真理的最好切入点。密尔在《论自由》一书中就从可错论的角度谈论了思想自由和讨论自由对于人类精神福祉的必要性。[①] 第一点，如果任何意见被迫沉默，而那个意见却有可能是正确的。如果否认这一点，就是假定我们自己的不可能错误性。第二，即使被迫保持沉默的意见是一个错误，它也可能包含部分真理，而且通常总是包含部分真理；此外，关于任何问题的普遍意见本身很难是全部真理，或者从来都不是全部真理，因此，只有借助于普遍意见与敌对意见的冲突，人们才有可能发现遗失的真理，逐渐接近全部真理。第三，即使公认的意见不仅是真理，而且是全部真理，若是不容许它遭受激烈而严肃的争论，而且实际地遭受这样的争论，那么多数

---

① John Stuart Mill, *On Liberty*, 2nd edition, London: John W. Parker and Son, West Strand, 1859, p. 95.

接受者就会像持有偏见一样持有这种意见，而很少能领会或感受到它的理性根据。第四，如果主张不可错性，意见将可能变成一个教条，不仅本身的意义会慢慢减弱或丧失，而且它对人们行为的规范力量也会减弱，阻碍人们从理性或亲身经验中获得真实的信念。正是因为主张知识的可错性，宽容意识才得以慢慢生长出来，真正的宽容激励人们更好地追求真理。

③ 价值的不可通约

在本体论层次，差异与同一相对；在认识论层次，知识具有可错性；在价值论层次，价值是不可通约的。1962 年，在《科学革命的结构》（*The Structure of Scientific Revolutions*）一书中，库恩（Kuhn）第一次提出了"不可通约"的概念。"与旧传统相比，科学革命所产生的常规科学传统不仅是不相容的，而且实际上是不可通约的。"① 科学标准的不同、概念的变迁以及世界观的差异构成库恩"不可通约性"的主要内容。② 第一，竞争范式的拥护者对科学的定义或标准不同，因此他们在任何可能成为范式的候选者必须解决的问题清单上存在分歧。第二，新范式从旧范式中诞生，它们通常吸收传统范式采用的许多概念上和操作上的词汇和装置（apparatus），但是新范式很少以传统的方式来使用这些借用的因素。在新范式中，旧的术语、概念和实验彼此之间进入一种新的关系。因此，不可避免的结果是新旧范式之间的误解。第三，竞争范式的拥护者在不同的世界中进行实践，当他们向同一个方向同一个点看，他们会看到

① T. Kuhn, *The Structure of Scientific Revolutions*, 2nd edition, Chicago: University of Chicago Press, 1970, p. 102.

② 王巍：《相对主义：从典范、语言和理性的观点看》，清华大学出版社，2003，第 63 ~ 64 页。

不同的东西。在他们希望充分沟通之前，两种方式的拥护者中的其中一个必须经历一种转变，即范式转换。与格式塔转换（gestalt switch）一样，这种转换要么整个转变，要么维持不变。

不可通约的概念引发了一场观念革命，并波及科学以外的领域，在价值领域出现了价值多元论的主张。价值多元论认为，基本的人类价值是不可化约的多元的，它们之间会而且常常会相互冲突。与价值多元论相对，价值一元论主张，某种唯一的价值压倒其他价值并为其他价值提供共同的标准。它或者认为在众多的价值选择方案中只有一个方案是唯一正确的选择，或者认为在应该如何生活这个问题上人们可以找到一个适合所有人、所有场合的最佳生活方式。具体来说，价值一元论包括以下三点："第一，所有真正的问题都必然只有一个正确的答案；第二，这类真理的发现必然有可靠的途径；第三，这些正确的答案彼此必然共同构成一个和谐的整体。"①

价值一元论的主张由来已久。西方理性主义传统认为，所有真理是和谐共存的。这种理性观念不仅存在于柏拉图和亚里士多德的思想中，也存在于基督教传统中。柏拉图认为，在人的心灵内部，理智、激情和欲望三者可以彼此相互和谐，其中理智起领导作用。②同样，生意人、辅助者和谋划者也可以在谋划者的领导下，各司其职，组成一个正义的城邦。在亚里士多德那里，道德德性是一种适度，处于两种恶——过度与不及——的中间。这隐含着在过与不及

① 马德普：《价值多元论与普遍主义的困境——伯林的自由思想对自由主义政治哲学的挑战》，《天津师范大学学报》（社会科学版）2001 年第 6 期，第 11～12 页。
② 〔古希腊〕柏拉图：《理想国》，郭斌和等译，商务印书馆，1986，第 170 页。

之间必然存在一个平衡点，这个平衡点就是德性。[①] 在基督教传统中，人们认为，原则上我们可以依照上帝意志来解决道德悲剧以及实际生活中的道德困境，因为神性本身就意味着完美。在中世纪和现代早期，古希腊人的观念和基督教的观念的汇合产生了自然法学派，它坚信真正的道德要求不可能产生不可解决的冲突。

这种根深蒂固的观点受到伯林（I. Berlin）的坚决反对，他认为真正的善之间的和平共存是不可能的。在人类生活中，诸善不仅不能和谐共存，而且面对它们之间的冲突我们不一定能够找到合理的解决方法。这就是伯林著名的价值多元论思想。它具体展开为三个方面[②]：第一，在道德或行为准则的范围内，终极道德价值之间总会产生一些冲突，无论理论理性还是实践理性都无法解决这些冲突。"在某一特定情形中，是不是要以牺牲个人自由作为代价来促进民主？或者牺牲平等以成就艺术、牺牲公正以促进仁慈、牺牲效率以促成自发性、牺牲真理与知识而促成幸福、忠诚与纯洁？……在终极价值无法调和的情况下，从原则上说，是不可能发现快捷的解决方法的。"[③] 再比如，在自由主义道德中，自由与平等都是内在的善，但它们本质上是一种相互竞争的关系，在实践生活中也经常会发生冲突。这些冲突来源于这些价值之间的不可通约。麦金太尔（A. C. MacIntyre）也指出，道德领域相互匹敌的论证在概念上的不可通约导致了道德论争的无休无止，并进一步从传统的角度探究了这种不可通约性的根源，并且主张不可通约性并不必然导致相对主

---

① 〔古希腊〕亚里士多德：《尼各马可伦理学》，廖申白译注，商务印书馆，2003，第53～57页。

② 〔英〕格雷：《伯林》，马俊峰等译，昆仑出版社，1999，第41～42页。

③ 〔英〕伯林：《自由论》，胡传胜译，译林出版社，2003，第47页。

义。"一种传统可以合理地表明它自己的正义解释优于另一种传统的正义解释，但不是诉诸某种独立于传统之外的中立标准，而是通过展示一种向其他传统学习、并理解它自身迄今为止的解释所存在的不充分性或错误这一优越能力，来证明这一点的，这种优越性是按照它自己的标准来判断的，也是以其他对立传统所提供的方式来达成的。"① 对此，没有任何一个超然的标准可以用来仲裁和解决它们之间的冲突和矛盾。第二，这些善或价值本身是复杂的和内在多元的，其中各个要素之间会产生冲突，有些要素之间甚至是不可通约的。例如，在消极自由中，举报自由和保护个人隐私的自由这两个要素之间就是不可通约的。同样，在平等中，机会平等和结果平等两者之间也是相互竞争的关系。第三，价值的不可通约根源于不同的文化形式。不同的文化形式会产生不同的道德和价值，虽然它们也有重叠和交叉之处，但是它们为不同的、不可通约的优点、美德和善的观念提供说明。有些善分别"根源于不能结合的社会结构，当这些社会结构是不可通约的时候，这些善也就是根本无法结合的。这是一种适合于作为整个生活方式之构成要素的善的不可通约性"。②

伯林的价值多元论是一种强的价值多元论。弱的价值多元论承认人类生活中有许多善，也承认它们不能和谐共存，但它否认这些善之间不可比较。它在逻辑上否定价值一元论，否认存在一种主导价值，也否认所有价值都可以在理性的主导之下和谐共处。强的价值多元论则在此基础上加入了不可通约的观点。价值的不可通约意谓如何？简单地说，就是价值的不可比较。首先，它不是价值的大

① 〔美〕麦金太尔：《三种对立的道德探究观》，万俊人等译，中国社会科学出版社，1999，第 11 页。
② 〔英〕格雷：《伯林》，马俊峰等译，昆仑出版社，1999，第 42 页。

略相等。不可通约性不是大略相等，说两种选择具有相等的价值，这是就它们的相对价值做出比较和判断之后才得出的结果；说两种选择是不可通约的，则是指无法就它们的相对价值做出理性判断，因为缺乏共同的尺度。很多的道德困境都源于此。比如，在忠与孝之间，我应该上战场保卫国家，还是留在家中伺候久病不起的老母亲？在孝与正义之间，我应该隐瞒父亲的犯罪事实还是应该大义灭亲？还有一个经典的道德困境是"海因茨偷药救妻"的故事，一边是对生命的尊重，一边是法律对盗窃的禁止和制裁，偷还是不偷是一个艰难的抉择。① 其次，价值的不可通约性不是价值的不确定。价值的不确定性是指，我们既不能说某一价值比另一价值好，也不能说它比另一个价值差，更不能说它们具有相等的价值。此时，这种不确定性是语言和人类行为的普遍特征，但这不是不可通约性的意思。最后，价值的不可通约性表现为传递性的中断。"如果，1）两个价值选择其中任何一个都不比另一个好，2）存在或可能存在第三个选择，它比前两个选择其中的一个好但不比另一个好，那么这两

---

① 这是科尔伯格（L. Kohlberg）所举的道德困境的一个例子。欧洲有位妇女患有特殊癌症，生命垂危。医生认为，只有一种药能够挽救她，这种药是本镇一位药剂师最近发明的镭制剂。该药造价昂贵，而药剂师索取的药价又比造价贵 10 多倍。这位妇女的丈夫海因茨到处借钱，但是只够药费的一半。不得已之下海因茨只好请求药剂师，说他的妻子濒临死亡，要求把药便宜点卖给他，或是让他延期付款。但是，药剂师说："不行！我发明这种药就是为了赚钱。"海因茨试过了一切合法手段，但是他都失败了。在得到这种药的强烈愿望的驱使下，海因茨钻进了药剂师的仓库，为妻子偷来了药物。通过对"海因茨偷药是否是对的"等一系列问题的提问和回答，科尔伯格展示了儿童道德发展的三个水平、六个阶段，即前习俗水平的服从与惩罚的道德定向阶段和相对的功利主义的道德定向阶段、习俗水平的人际和谐的道德定向阶段和维护权威或秩序的道德定向阶段、后习俗水平的社会契约的道德定向阶段和道德原则的道德定向阶段。参见〔美〕科尔伯格《道德发展心理学：道德阶段的本质与确证》，郭本禹、何谨、黄小丹等译，华东师范大学出版社，2004。

个价值选择就是不可通约的。"① 不可通约性不是因为对象的种类界限模糊或者改变，不是因为价值标准的多重性或者价值位置的不确定，也不是因为我们对事物所掌握的信息不够充分，即使所有这些形式的不确定性都消失，价值的不可通约还是存在。不可通约不意味着无所谓或不计较，它只是意味着在不可通约的东西发生冲突时，理性不能判断它们各自的相对价值，因而不能指导人们的行动。不可通约也不是说我们的选择毫无意义，而是说，当我们选择某个价值而不是另一个价值时，不可避免地会遭受损失，我们的选择不可避免地具有悲剧性质。

主张价值的不可通约性并不必然走向价值相对主义。说价值是不可通约的，并不是说它们只是从一种特定文化或认识论的角度来看才是有效的。有些价值也许只是地方性价值，但是还存在一些普遍价值，如对生命的尊重，这些普遍价值有助于任何一种良善生活的真正的良善。价值相对主义强调任何一种价值体系都只是局部有效的，但是每一种价值体系内部是和谐的，所有道德问题可以求助于这一价值体系内部的规则而得到完满解决。与之相对，价值的不可通约不仅是指价值之间是不可通约的，而且价值内部的各个要素之间也有可能是不可通约的，这使得我们不可能凭借任何一种绝对规则而解决所有冲突和矛盾。

同一与差异、知识的可错和价值的不可通约构成差异的三个维度，这使得宽容成为必要。如果世界是同一的，知识具有永恒的真理性，而价值也总是能够和谐一致共存而不发生冲突，那么宽容也就没有存在的必要。

---

① 〔英〕格雷：《伯林》，马俊峰等译，昆仑出版社，1999，第49页。

（2）自我的局限

面对不可取消的差异，如果行为主体能够完全做到"无我"，无论何时何地都能对差异保持好奇甚至积极肯定差异的话，宽容同样没有存在的空间。正是因为自我具有局限性，宽容才得以必要。这是宽容出现的主观环境，具体表现为自我中心的困境、自我意识的不完备和前见的局限。

① 自我中心的困境

自我中心的困境是指一个人不能离开他和事物之间的认识关系来认识事物。也就是说，在认识活动中，我们不能把自身排除在外，去认识我们从未认识过的东西。因此，在认识活动中，没有主体也就没有客体，意识的对象总是与意识本身同时存在。这一困境由美国新实在论者培里（Ralph Barton Perry）提出[①]，黄书进把这一困境具体概括为四点。[②] 困境之一，认识之中的对象无法与认识之外的对象相比较。要想发现事物是如何被认识关系所改变的，我们就要在认识关系之外去寻找例子，以便我们拿它们与认识之中的例子进行比较。但是，我们不能找到这样的例子，因为当某个例子被找到时，它已经进入了认识关系。困境之二，认识者无法就同一对象和他人进行沟通。当他人把他的意见告知认识者时，他人的意见已经进入这个认识者的意识范围，此时，认识者无法把意识内的"他人意见"同意识外的原来的"他人意见"相比较。困境之三，认识者无法摆脱认识关系去认识事物。一个人不能想到事物离开意识而存在，因为一想到它，事实上事物就已经处于意识之内了。所以认识者无法

[①]　Ralph Barton Perry, "The Ego-Centric Predicament", *The Journal of Philosophy, Psychology and Scientific Methods*, 1910, 7 (1): 5 – 14.

[②]　黄书进：《物质本质一元论》，西苑出版社，1998，第 188 页。

真正求得事物的原型，只能认识一个已经进入其意识的事物。困境之四，消除认识关系就意味着中断认识并失去认识对象。意识与事物的认识关系是认识的前提之一，消除认识关系去求事物原型，认识活动必然会中断，从而既不可能有事物的知识，就连事物本身也消失在认识者的视野之外。

自我中心的困境是一种处境上或情境上的困难，是方法论上的困难，是指我们不能离开自身的认识去认识事物。这一困境并不能为唯心主义提供理论支持，得出事物的存在依赖于人的认识、人的意识之外不存在任何东西这一本体论结论。确实，当一个人说出某个事物，这个事物是作为他的观念、认识或经验的对象与他发生关系，因为我们不可能在撤走认识者的时候而不同时中断观察。我们不能认识存在于认识关系之外的事物，但这并不意味着在认识关系之外不存在客观事物。自我中心的困境使得主体在认识客体的过程中不可避免地带有主观性，认识过程因而具有一种唯我性。在这种情形下，如果主体固执于自我视角，那么他对人或事物的认识和理解就可能有失偏颇。

自我视角是指主体根据自身的生活阅历、价值取向和知识结构观察对象的一种维度，也可以被称为主体维度。其中，生活阅历、价值取向和知识结构是主体认识的基础，引导主体思维活动的走向。从自我出发观察事物和思考问题是人类思维的本能性特征。当我们思考和判断外界事物时候，总是习惯于以自我为标准，凡是符合这个标准的，就是好的、对的、美的、可以接受的，反之，则是坏的、错得、丑的、不可接受的。同时，自我视角也是我们观察事物和分析问题的基本出发点。我们无法摆脱自我视角去观察、认识和理解事物，因为如果缺少对世界的认知和体会，那么观察、认识和理解也就无从说起。"通过自我视角反观反照，再由此推己及人，我们才认识到人类乃至整个世界的许多共性，这是个人与外部世界相互沟通和产生共鸣的前提。"① 自我视角的主体性意味着每个人都有自己独特的自我视角，对同一事物的认知和判断也会各不相同，从而形成一种"横看成岭侧成峰，远近高低各不同"的景象。

自我视角构成人们观察和分析事物的起点，为我们的认识提供一个框架，但同时也限制着我们的认识，易于出现"一叶障目""只见树木、不见森林"的情形。这就是自我视角的局限。要走出自我视角的局限，需要引入非我视角。顾名思义，非我视角就是采取自我之外的立场，包括对方或者第三者的立场。一方面，在思考和判断的时候，我们不能局限于一己之见，而要参照对方的立场，甚至站在对方的立场上，顾及对方的需求、处境以及他选择的可能性，从而尽量做出不带偏见的判断和评价。另一方面，非我视角是指转换思路，站在第三者的立场来考虑问题。"不识庐山真面目，只缘身在此山中"，如果我们能跳出原来的思维框架，不局限于自我，就有可能对全局做出相对来说更加全面、公正的判断和评价。如果说自我视角着力于实现"己所不欲，勿施于人"，那么非我视角就是为了实现"人所欲，施于人"。只有融合这两种视角，我们才能做到既坚持自我标准的独特性，同时也不以自己的标准苛求人。从认识关系的主体性到自我视角的局限，显示了自我难以在自我之外去客观地认识其他人或事物。

② 自我意识的不完备

我们对自我之外的人或事物的认识以自我为出发点，具有唯我

---

① 贺壮：《走向思维新大陆——立体思维训练》，中央编译出版社，2005，第86页。

的倾向，而我们的自我意识更是难以摆脱自我的局限。自我意识就是意识以自身为对象，是人对自己作为一个独特存在的个体的认识。自我意识使得主体与对象世界区分开来，表明人逐步走出了物我、人己、主客浑然一体的状态。自我意识是人对客观世界的认识发展到一定程度的产物。在自我意识中，自我既是主体，又是客体，自我意识的发展过程是意识主客体双向的对立统一运动。主体我是作为意志和行为主体的"主我"，它通过个人对事物的行为和反应具体表现出来；客体我是作为他人的社会评价和社会期待之代表的"客我"，它体现了自我意识的社会关联。自我意识作为"主我"和"客我"双向互动的传播过程，包括对自身状况的感知、对过去行为的反思和对人与环境的互动关系的再认识三个方面。按照黑格尔的观点，自我意识分为五个依次递进、不断发展的过程。①

第一个阶段是"欲望"。在这个阶段里，自我意识不到人与己相互依存的一面，为了自身的存在，他将别人从自己的视野中完全抹掉。但是，杀死别人意味着自我本身也失去了对象，自我实现成为一个泡影。因为自我意识只有在另一个自我意识里才能获得满足，它之所以存在只是由于被对方承认。人只有在自我与他人的相互承认中才能实现自己；孤立的人不能成为本真的人。在黑格尔看来，一个人只有通过别人承认他是一个自我意识着的主体才能找到自己的本真性。相互承认的运动是两个自我意识的双重运动，自我意识之成为自我意识，是因为我获得了别的自我意识的承认，并且给予

---

① 〔德〕黑格尔：《精神现象学》（上卷），贺麟、王玖兴译，商务印书馆，1979，第115～153 页。

别的自我意识以承认。只有在自我意识的关系之中，人才能实现其使命。这在一定程度上包含了人的独立自主的思想，是对以我为主、为目的，以他人为客、为手段的思想的一种批判。

既然自我实现需要自我意识与自我意识之间的相互承认，那么杀死别人肯定达不到目的。于是，自我意识从"欲望"阶段进展到第二个阶段——"主奴关系"阶段。在这一阶段中，其中一个是独立的意识，它的本质是自为存在，另一个是依赖的意识，它的本质是为对方而存在。前者是主人，后者是奴隶，主人统治、控制着奴隶，他们是一种统治与被统治、控制与被控制的关系。其中，作为主人的主体既与奴隶相关联，也与物相关联，但主人与物的关联是通过奴隶的中介来实现的。一方面，主人让奴隶去面对物的独立性，让奴隶去加工改造独立的物，因为奴隶的中介，主人得以把物当作非独立的东西来享受；另一方面，奴隶在加工和改造物的过程中逐渐成为物的主人。因为主人把支配物的权利让给了奴隶，反过来他得依赖奴隶，而奴隶在他自身完成的过程中也过渡到主人的位置。通过劳动，奴隶成为一种自为的存在，并且开始意识到他本来就是一个自在自为的存在者。这说明，只有在劳动中，人才能成为自己命运的主人；只有在劳动中，才能成为真正的人。但是，要使得这种主人地位不至于成为一种空想，奴隶们还必须推翻产生主奴关系的制度。

在"主奴关系"阶段，自我意识走向其意欲的反面，这显然是为追求自我实现而将他人蓄为奴隶的主人所不愿见到的，因此，自我意识进入第三个阶段——"斯多葛主义"。斯多葛主义遵循的原则是，意识是能思维的东西，只有思维才是意识的本质。"自我意识的这种自由对于自然的有限存在是漠不关心的，因而它同样对于自然事物也听其自由，不予过问；这样，自身返回就成为双重的。"① 不管外界对我的自由构成多大的阻碍和限制，只要我去掉感情欲望，在思想上获得自由，那么我就是自由的。黑格尔认为，这种斯多葛式的自由是一种单纯的思想自由，只是以纯粹思想为它的真理，而纯粹思想没有生活的充实内容，因而只是自由的概念，而不是活生生的自由本身。

自我意识通过"斯多葛主义"继续向前发展的结果必然是"怀疑主义"，这是自我意识的第四个阶段。与前一阶段相同，自我对现实世界采取的也是不理会的态度，更有甚者，它对所有事物都全盘否定。在怀疑主义阶段，凡是确定的或有差别的东西都一概消失，自我以为抱持这种态度就可获得宁静与自由。怀疑主义是一种理论与实践不统一、前后矛盾的意识，对于在理论上所否定的东西，在实践上却又予以默认。"它口头上宣称一切事物的绝对消失，然而这种口头上的宣称存在着，而这种意识就只是口头上所宣称的消失；它口头上宣称所看见、所听见的东西不存在，然而它自己本身却看见了、听见了；它口头上宣称伦理原则不存在，然而它自己却仍然把这些伦理原则当作支配它的行为的力量。它的行为和它的言词永远是矛盾着的，而它自身内也具有自身同一和不变与偶然性和不同一性两重矛盾着的意识。"② 显然，怀疑主义也不能使自我获得真正的自由，这意味着自我意识还得继续向前发展。

自我意识的第五个阶段是苦恼的意识。苦恼的意识是意识到自身是二元化的、分裂的，仅仅是矛盾着的东西。在这个阶段里，自

---

① 〔德〕黑格尔：《精神现象学》（上卷），贺麟、王玖兴译，商务印书馆，1979，第135页。

② 〔德〕黑格尔：《精神现象学》（上卷），贺麟、王玖兴译，商务印书馆，1979，第138~139页。

我坚持认为变化的东西与不变的东西是对立的。现实的东西是变化的、非本质的，本质的东西是不变的，而自我作为现实中变化的东西无法把握到不变的本质。于是自我只好向这个"不变者"默祷，采取禁欲的办法来否定自己。因此，黑格尔认为，苦恼的意识不是在思维，而只是在默想，在此，自我仍然达不到自我实现的目的。

从个体自我意识的五个发展阶段，我们看出，纯粹以自身为对象的自我意识是有局限的。忽视自我意识中的他者维度，忽视自我与他者的对话，最终只可能造成自我封闭、自我否定。正如"主奴关系"阶段的自我意识所揭示的，自我意识的存在是以另一个自我意识承认其存在为前提的，即相互承认的自我意识才是真正的自我意识。这就意味着，要实现自我，就要寻求他人的承认和承认他人，而不是退缩到一种超脱于尘世之外的纯然主观的思想之中。

③ 前见的局限

自我中心的困境是主体在认识和理解其对象的过程中所不可逃避的情境，自我意识的局限是主体在认识自我的过程中所难以避免的情形，而构成人的认识和自我意识的基础则是人的前见。前见是指在理解过程中，人无法根据某种特殊的客观立场、超越历史时空的现实境遇去客观地理解文本。理解总是需要前提，我们不可能不带任何先入之见进入理解过程。与偏见不同，前见是不可逃避的，它包括主体的生活阅历、价值取向和知识结构等。①

---

① 前见和偏见的英文对应词都是 prejudice。从词源学的角度看，prejudice 由 pre-和 judice 两部分构成，pre-表示"在……之前"，"先于……"，judice 是"判断"的意思，合起来表示一种预先判断，一种先入之见。之所以在前见和偏见之间做出区分，是因为在中文语境中，偏见是否定的，而前见则会让人体会到我们的认识和理解存在"前结构"，而这种前结构同时具有积极的意义和消极的意义。

在海德格尔看来，所有解释都必须建立在对应该解释的东西的事前理解的基础上，解释是事前理解好的东西的进一步展开与分解。这样一来，解释所面临的方向就是由理解事前规定的方向，事前理解就是理解的先行结构。它由三个契机构成。第一是"事先把持"，即开拓理解的视野，将解释的东西引入这一视野；第二是"先视"，在特定的方向将视线转移到应该解释或应该被解释的东西上；第三是"事先把握"，事先对作为主题的东西进行概念性的规定。这种理解的先行结构事先规定了所有的解释，其全体构成解释学的状况，为解释提供基础。解释学的状况基本上沉浸在被解释性之中，这就是解释者的成见，这种成见隐藏于所有解释的发端之中。

在海德格尔关于理解的先行结构、解释学的状况以及成见概念的基础上，加达默尔（Hans-Georg Gadamer，1990~2002）提出了前见概念。前见是一种判断，"是在一切对于事情具有决定性作用的要素被最后考察之前被给予的"。[①] 前见作为一种状况，一般来说不能够被当作对象来认识。前见是历史的形成的有限的视界（horizon），表明我们在一个特殊的高点所能见到的范围。它既使得"见"成为可能，又限定"见"的各种可能性。正因为如此，我们不能克服和消灭一切前见，因为这意味着抛弃使得理解成为可能的视界；同样，我们也不能抛弃我们现在所处的视界，去追求过去的视界。前见构成我们理解的基础，但它不是一种错误的判断；它可以同时具有肯定的和否定的价值。因此，解释者无需丢弃他内心已有的前见而直接接触文本，只需明确考察他内心见解的正当性，然后在自我视界

---

① 〔德〕汉斯－格奥尔格·加达默尔：《真理与方法——哲学诠释学的基本特征》（上卷），洪汉鼎译，上海译文出版社，1999，第 347 页。

与文本视界的"视界融合"中达到对文本的理解，并求得自我理解。

前见构成理解的基础和前提，它在为我们开启新的理解的同时，也限定了我们的理解，使得我们不可能超出这种前理解而直接站在他者的立场上去理解，这使得我们对他者的理解可能是偏颇的。此外，我们的前见既有可能对，也有可能错。如果基于一个错误的前见而进入认识和理解过程，很可能会得出错误的结论。如果我们对前见之偏颇没有自觉意识，也没有反思的话，而一味固执己见，此时，前见就成了偏见，限制我们对事物、对他者、对自身的认识，使我们难以达到尽可能正确、尽可能全面的认识和理解，这就为不宽容埋下了伏笔。

本体论层次差异对同一的胜利、认识论层次知识的可错，价值论层次价值之间的不可通约，向我们昭示：差异是不可取消的。由于自我的局限，行为主体既不可能跳出自我中心的困境在完全客观的意义上去认识事物，在自我意识的过程中摆脱唯我论的困扰，也不可能在理解的过程中抛弃前见，因此，行为主体在面对不可取消的差异时，会倾向于采取否定、排斥的态度。差异的不可取消和自我的局限使得我们面临两个选择：要么在相互仇视和压迫中全体灭亡，要么学会共存。学会走出自我局限，用开放的心态看待差异和多样性，包容他者，最终实现与他者在差异中共存，这条路既是一条宽容他者之路，也是一条自我实现之路。

2　宽容与否定反应

面对不可取消的差异，行为主体的反应多种多样。有人认为，差异和多样性是人类繁荣的一个标志，因而热烈拥护差异；有人无视差异，因而对差异采取无所谓的态度；有人认为，差异是造成不安和分裂的因素之一，因而仇视差异，甚至极力遏制差异；等等。面对差异，具有自我局限的行为主体产生否定反应是很自然的。如果我们完全拥护差异，或者完全不在乎，那么我们就没有必要谈论宽容。宽容既不是一种对差异的完全赞成，也不是一种对差异的冷漠，而是适度的不赞成与有限的不干涉的有机结合。

（1）否定反应

否定反应是宽容概念的起码条件。之所以会出现宽容的问题，是因为行为主体面对差异时，产生了不喜欢或不赞成的情绪或态度。例如，在莎士比亚的戏剧《威尼斯商人》里，夏洛克之所以不宽容巴塞尼奥，一方面是因为犹太教徒和基督教徒有不同的信仰习惯，另一方面是这些不同的信仰习惯导致了不喜欢甚至厌恶情绪的产生。同样，人们之所以不宽容同性恋倾向的人，一方面是因为存在不同的性倾向，另一方面是因为同性恋倾向被认为不如异性恋倾向好。宽容确实是个令人不快的主题，因为只有与令人不快的东西相联系时，宽容才会出现，例如异端、色情作品、堕胎等等。[1] 如果没有这些令人不快的东西的存在，也就没有必要谈论宽容。"宽容意味着忍受或容忍令人不快的东西，意味着承受负担。"[2] 正是因为面对的是令人不快的东西，宽容需要一种努力，努力克制自己不因那些令人不快的东西在心灵上引发的否定情绪而去干涉他人。这种努力包括两个方面，一方面是追问否定反应是否正当，另一方面是追问我们是否可以基于否定反应去干涉那些我们不喜欢或不赞成的行为、信

[1] Cranston, M., "John Locke and the Case for Toleration", in Susan Mendus and David Edwards, *On Toleration*, Oxford: Oxford University Press, 1987, p. 101.

[2] Mehdi Amin Razavi & David Ambuel, *Philosophy*, *Religion*, *and the Question of Intolerance*, State University of New York Press, 1997, p. vii.

仰或生活方式。例如在上述同性恋的例子中，行为主体要成为一个宽容者，他需要做出很大的努力。他需要回过头来追问为什么我会认为同性恋倾向不如异性恋倾向好，我的判断本身能否获得证明？此时，他可能找到一条法律依据，因为法律禁止同性恋者结婚，但没有禁止异性恋，法律禁止的就是不好的，所以同性恋倾向不如异性恋倾向好。我们姑且认为这一论据是充分的。接下来，他还需要追问，我能否因为我不喜欢同性恋倾向而去干涉同性恋倾向的人？也就是说，我为什么要克制我对同性恋倾向的不喜欢而不干涉具有同性恋倾向的人？这个问题涉及克制的理由。在此，我们主要分析否定反应的种类和否定反应的合理性。

① 否定反应的种类

只有当我们不接受某个东西，我们才能进一步谈论宽容与否的问题。否定反应是宽容概念的第一个条件。否定反应主要包括两种类型，一种是非道德意义上的不喜欢，一种是道德意义上的不赞成。前者涉及人们的趣味和倾向，后者涉及善恶的判断问题。但是，趣味和倾向是否属于宽容讨论的范围，人们在这个问题上存在着争议。彼得·尼科尔松（Peter Nicholson）认为，在趣味和倾向方面谈论宽容是不合适的，我们必须只在不赞成的意义上谈论宽容的道德理念。"宽容是一个道德选择的问题，与我们的趣味和倾向无关。"① 尽管在我们试图解释人们是不是宽容的时候，我们需要把他们的偏见和偶然的爱憎情感考虑在内。但是，这些情感在道德上没有正当的基础，所以不能成为一种道德姿态的基础。与之相对，玛丽·沃诺克

---

① Nicholson, Peter, "Toleration as a Moral Ideal", in John Horton and Susan Mendus, *Aspects of Toleration: Philosophical Studies*, New York: Methuen, 1985, pp. 160-161.

（Mary Warnock）坚持宽容应该有更广泛的范围，人们不只是在道德不赞成的意义上展现宽容，而且也在纯粹不喜欢的意义上展现宽容。① 她举了一个例子，假如她女儿的男朋友用便鞋配套装，她很不高兴，但是她没有提及她的不快，而且当他宣布他想与她女儿结婚时，实际上她还表示高兴，此时她是宽容的。

否定反应是否包括非道德意义上的不喜欢，这一讨论与哲学上关于道德与理性和趣味的讨论相关。尼科尔松之所以认为宽容只出现在存在道德不赞成的地方，是因为他认为道德是理性的，能经受理性的论证，而非道德只是一种感觉或情绪，因此可以在两者之间分出界限。沃诺克则追随休谟的脚步，认为道德是一种关于谴责或赞许的情感，因此在不喜欢或不赞成之间并不存在严格的界限。在《道德原则研究》一书中，休谟详细分析了理性与趣味的区别。第一，理性是关于真理和谬误的知识，趣味产生关于美和丑、德行和恶行的情感。第二，理性按照对象在自然界中的实在情形揭示它们，不增也不减，趣味具有一种创造性能力。第三，理性由于是冷漠而超然的，因而不是行动的动机，仅仅通过给我们指明达到幸福或避免苦难的手段而指导我们出自欲望或爱好的冲动。因为趣味是产生快乐或痛苦并由此构成幸福或苦难之本质，因而它构成行动的动机，是欲望和意欲的第一源泉和动力。第四，理性根据已知的或假定的因素和关系，引导我们发现隐藏的和未知的因素和关系；趣味在一切因素和关系摆在我们面前之后，使我们从整体感受一种新的关于谴责或赞许的情感。第五，

---

① Warnock, Mary, "The Limits of Toleration", in Susan Mendus and David Edwards, *On Toleration*, Oxford: Oxford University Press, 1987, pp. 125 – 126.

理性的标准基于万物的本性之上，是永恒不变的，即使最高存在物的意志也不能改变；趣味的标准来自动物的永久的构架和组织，并最终派生于那个最高存在物的意志——这个意志赋予了每一个存在物以其特有的本性，并给整个实存安排了诸种等级和秩序。通过理性与趣味的对比，休谟确证道德是一种情感，"在任何情况下，人类行动的最终目的都决不能通过理性来说明，而完全诉诸人类的情感和感情，毫不依赖于智性能力"。[①]

在我看来，宽容情形中的否定反应有着宽泛的范围，即宽容既适合不赞成的情形，也适合不喜欢的情形。其中，因道德意义上的不赞成引发的宽容是一种强的宽容，而因非道德意义上的不喜欢引发的宽容则是一种弱的宽容。这样一来，我们在一些微不足道的事情上也可以做出宽容的行为，例如宽容惯用左手的人，而不是把他们称为左撇子。但是，这并不意味着微不足道的事情与重大的事情可以相提并论。显然，一个人只是穿了一件不合时宜的外套与一个人虐待儿童是不能等同的，人们的反对程度肯定也是不一样的。之所以赞成宽容有更广泛的适用范围，是因为无论非道德判断还是道德判断引发的否定反应，并不必然成为我们干涉他人的充足理由。它只是告诉我们为什么会不喜欢或者不赞成，而不是说这种不喜欢或者不赞成究竟意味着什么。此外，从价值多元论的角度看，除了道德价值以外，还有其他价值，价值是多元的而且是不可通约的。例如，一个僧侣的禁欲人生与一个幽默大师的幽默人生之间是无法比较的，一个音乐家的事业的价值和一个哲学家的事业的价值也是不可比较的。此时，如果他们彼此产生了否定情绪，这种否定情绪

---

① 〔英〕休谟：《道德原则研究》，曾晓平译，商务印书馆，2001，第 145 页。

很可能是一种不喜欢，而不是基于道德判断的不赞成，说禁欲人生是善的或者说幽默人生是善的，说音乐家的事业更有价值或者哲学家的事业更有价值，这都难免有点牵强。

否定反应有一个宽泛的范围表明，在关于什么是宽容的适当对象这一问题上，重要的不是否定反应包不包括不喜欢的问题，而是需要进一步考察潜在的（之所以说是潜在的，是因为要判断一个人是否宽容，还需要对他做出判断的方式予以评价）宽容者做出判断的方式。他做出判断的方式如何，将影响我们认为他是真正认为这些判断能够获得确证的程度。简单地说，他能否为他做出的否定判断负责。要为他的否定判断负责，他就应该对支持他做出否定判断的信息的来源进行反思，并且对不同视角保持开放，这种反思和不同视角的引入将有可能改变他的判断和信念。如果行为主体确实是基于可以获得确证的理由，而且是在对各种信息和视角保持开放的前提下做出否定判断的，我们说他是负责的；反之，我们说他是不负责的。这关涉否定反应是否合理。

② 否定反应的合理性分析

宽容是一种蕴含着道德努力、道德牺牲的选择。"当我们要求一个人宽容时，我们是要求他放弃某些东西，即压制或驱逐对抗信念的欲望；但是，他们还得保留某些东西，即对自身信念的承诺，这一承诺使得他们有压制或驱逐的欲望。在这里，某个人自己的承诺与认可别人的承诺，甚至可能是令人讨厌的承诺之间存在着紧张。这种紧张是宽容的特征，这种紧张也成就了宽容之难。"① 正是因为

---

① B. Williams, "Toleration: An Impossible Virtue?", in David Heyd, ed., *Toleration: An Elusive Virtue*, Princeton University Press, 1996.

我们有自己的承诺，所以他人的行为、信仰或生活方式与我们的差异越大，我们的否定反应也可能越大，它在行为主体心灵中引发的道德冲突也就越激烈。在这种情况下，行为主体要做出宽容的行为，他需要做出相当程度的道德牺牲。"宽容并不是毫不费力就可以获得的东西，尤其宽容不是情感的冲动，它必须是被主动提供作为一种理性的行为。"① 但是，他不能完全放弃自己的道德信念。因为一旦放弃道德信念，他就成了无立场之人，观点的对立情形不会出现，这已经超出了宽容的范畴。在这个意义上，我们说宽容是可贵的，在一定程度上甚至可以说，我们的否定反应越强烈，我们所需做出的努力就越大，此时的宽容也就越难能可贵。但是，这是否意味着，比如在种族问题上，种族主义者比非种族主义者所做出的宽容更加可贵？要回答这个问题，我们需要剖析否定反应的合理性。

当抱持一种观点或信念时，我们往往认为它是正确的。唯有这样，我们才能说我们真正地认同这样一种观点或信念。但是，我们却又习惯于将我们的真理确信绝对化，并强加在他人之上。这使得我们在面对不同的行为、信仰或生活方式时会产生否定的反应，或者不喜欢，或者不赞成。宽容并不是表示，我们完全接受和同意别人的行为、信仰或生活方式，而是当我们不接受、不同意时，宽容必须发挥作用。毫无疑问，并不是每一种否定反应都是合理的，例如，对黑人或女性或少数群体成员的歧视就是不合理的。在这些类似的情况下，确切的做法就是批判偏见，与歧视做斗争，而不是争取更多的宽容。也就是说，我们不能要求持有偏见者做出宽容，而是要求他们放弃偏见，停止歧视。只有在消除这些偏见之后，宽容

① 〔德〕考夫曼：《法律哲学》，刘幸义等译，法律出版社，2004，第469页。

问题才得以凸现。宽容要求一种合理的否定反应。"什么是合理的否定反应"的问题可以通过回答另一个问题来回答，即行为主体是基于信以为真的信念还是基于确证为真的信念做出判断？如果是前者，那么这种否定反应是不合理的；如果是后者，则是合理的。其中，信以为真的信念是偏见，确证为真的信念是知识。偏见和知识使得行为主体面对不同的行为、信仰或生活方式时做出否定判断。

偏见是我们基于预先判断对某个人或事物所形成的态度，它分为积极偏见和消极偏见。例如，我们可能对某一特殊的群体抱有偏见，认为他们的行为都是好的。然而，当我们谈及偏见时，绝大多数情况是指对某个人或者群体持有消极态度，我们对待他们的态度往往比对其他做出同样行为或具有同种品质的人更加苛刻。① 如果一个人对另一个人产生了消极偏见的话，就会倾向于用负面的方式来评价他；如果某人对某个群体产生了消极偏见的话，就会倾向于用负面的方式来评价其成员，仅仅因为他从属于这个群体。例如，某个人认为艾滋病与生活不检点有关，因此，当他在实际生活中遇到一位艾滋病患者时，他就很自然地得出这个人肯定生活不检点。此时，在这个人眼中，这位艾滋病患者本身的品质和行为表现都被忽略不计，只剩下一个标签——艾滋病患者。因为艾滋病患者是生活不检点的，所以他也是不检点的。这位艾滋病患者之所以被认为生活不检点，只是因为他从属于艾滋病患者这么一个特殊的群体，而与他本身的品行无关。

偏见的基本要求是让他人与某一假想的多数或另一自我达成本

---

① 〔美〕海斯、奥雷尔：《心理学导论》（第三版），爱丁等译，电子工业出版社，2004，第 408 页。

质上的相似。专横的偏见建立在唯我独尊的基础之上，对于他人之所想、所信、所为和所在一律嗤之以鼻。"这种态度的核心是把自我及其所有个人、民族、文化和宗教的特征等同于人的价值本身，将自我与人性中的善相提并论。因此，形形色色的偏狭归根结底是自认为拥有一种特许的模式。"① 作为一种特殊的态度类型，偏见包含两层意思。首先，态度通常以一种特殊的信息加工方式发生作用。如果某个人对特定的人或群体抱有偏见的话，他就会采取有别于对待其他人或群体的信息加工方式来对待这个人或这个群体。例如，某个人认为，农民工素质比较低。一旦产生了这种偏见，他就会更多地关注与这一偏见相关的信息，较少关注与它无关的信息，而且在相关信息中，那些与他的偏见相符合的信息更容易进入他的视线，比如，某某工地发生了农民工打架斗殴的事件，某某富人区又出现了农民工入室盗窃的情况，相反，对那些体现农民工高素质的信息则较少关注，从而他的偏见不断得到强化。其次，作为一种态度，偏见会使怀有偏见的人对不喜欢的群体里的成员抱有否定的感觉和情绪，无论是见面还是仅仅想起。② 怀有偏见的人会在受偏见影响的群体对象面前自然流露否定的感觉和情绪，同时，偏见也可能成为一种深度心理，或隐或现地影响个体的行为，即便个体很大程度上意识不到自己的偏见，甚至坚决否认偏见的存在。这些消极的感觉、情绪和心理一旦表现为行为，就成为一种实在的歧视。

　　从心理层面来看，偏见的产生有两方面的原因。一方面是因为

---

① 〔美〕赫施：《宽容：在意志自由与真理之间》，黄育馥译，《第欧根尼》1998 年第 1 期，第 69 页。

② 〔美〕巴伦、伯恩：《社会心理学》（第十版，上册），黄敏儿等译，华东师范大学出版社，2004，第 266 页。

持有偏见的观点有利于维护个体的自我形象。当怀有偏见的个体使得他们以否定眼光看待的某个群体的人自惭形秽的时候，反过来能够增强他们的自我价值感，感受到自身的优越性。换句话说，偏见在保护和强化自我观念方面起着重要的作用。另一方面是持有偏见的观点能够为我们节省认知能量，刻板印象尤其能说明这一点。所谓刻板印象，是指"假设群体成员之间或类别之间具有相当大的相似性"。① 刻板印象一旦形成，我们就能凭借快速的、启发式的信息加工过程和这些先入为主的信念来推知这个群体的成员是怎样的人，而避免为细致繁琐的系统加工过程所累。节约心理能量的强烈倾向是偏见之所以形成并持续存在的另一原因。

从知识论的角度看，偏见源于人们对自身所持观点或信念的信以为真，而这种观点和信念或者缺乏适当的检验，或者与检验的结果相悖，或者与逻辑推理的结论相悖，或者与客观实际不符。它们之所以被人们当作事实，有时甚至被当作真理，只是因为人们信奉它。行为主体认为自己持有真理，进而推出与之不同的观点或信念是错误的，而没有反过来叩问自己的观点或信念本身是否正确。基于偏见的否定反应是不合理的，下面来看看基于知识的否定反应。

何谓知识？我们可以从"知"的三层含义入手。首先，"知"指的是具有某种形式的能力。例如，说某人懂得吉他，懂乘法表，这意味着他具有弹奏吉他、进行乘法运算的能力。其次，"知"指的是认识某物或某人。当我说认识张三时，这意味着我与张三相识，了解他。再次，"知"指的是认识到某种信息性的东西。例如，我认

---

① 〔美〕道格拉斯·W. 贝斯黑莱姆：《偏见心理学》，邹海燕、郑佳明译，湖南人民出版社，1989，第 11 页。

识到电有正负两极，这意味着我对电有了一定的认识。雷尔（K. Lehrer）认为，这三种含义并不是互相排斥的，而是互相包含的，其中最后一种含义最为根本，因为能力和认识中也蕴含有信息的意思。[①] 例如，说某人懂得弹吉他，这意味着他也掌握了有关吉他的信息。但是，对什么是知识的回答，最终应当表现为定义。关于知识定义的探讨，早在古希腊，柏拉图就以知识与意见的区别入手。在《美诺篇》中，苏格拉底明确指出正确的意见与知识之间存在区别。那么，知识与正确的意见的区别是什么？在《泰阿泰德》中，柏拉图提出并回答了这一问题，即知识是一种确证为真的信念。也就是说，知识是由信念、真与确证这三个要素组成的：

1) 命题 P 是真的，

2) S 相信 P，

3) S 的信念 P 是确证了的（justified）。[②]

当且仅当以上三个条件都得到满足时，我们才能说 S 的信念 P 是一种知识。这里，重要的问题在于如何确证信念为真，能否寻得被确证自以为是的信念与具有真价值的信念的区别所在？所谓确证，是指为信念或判断提供某些符合认识标准的理由或证据，其目的在于达到真理，避免错误。但是，并不是所有的确证都能实现这一目的，而只有符合一定标准的确证才是合乎目的的确证。确证大致有三种类型，一种是主观确证，一种是客观确证，一种是主观与客观相结合的确证。如果行为主体仅仅是一厢情愿地相信自己的信念，相信他具有某些理由来相信，这是一种主观确证。这一确证并没有

---

① Lehrer, Keith, *Knowledge*, Oxford: Oxford University Press, 1974, p. 27.

② 陈嘉明：《知识与确证——当代知识论引论》，上海人民出版社，2003，第 31 页。

为我的信念提供足够的证据，其结果和实质是没有确证。例如，我相信我有理由相信我将赢得彩票，这并没有为我将赢得彩票提供有效的理由或证据。客观确证是指支撑我们的信念的理由或证据本身被证明是客观有效的。换句话说，就是我有好的理由来相信。例如，我有好的理由相信我有理由相信我将赢得彩票，这个理由是我获得了一位最有权威的彩票分析师的指点，而且他的预测从来没有落空过。这显然就是一个好的理由。罗素则指出，要真正达到真理，避免错误，我们需要将主观确证与客观确证相结合。他从道德行为的正当性的类比中得出主观与客观相结合的确证标准。对于道德行为而言，当且仅当行为者没有充分的理由认为它是错误的，或者可以合理地原谅它的时候，这一道德行为是主观上正当的；当且仅当这一行为不被禁止的时候，它是客观上正当的。例如，一个医生仅仅由于偶然的医疗事故而导致病人死亡，那么这是主观上正当而客观上不正当的。反之，某位谋杀者想毒死受害者，但结果反而救治了他的绝症，这是客观上正当而主观上不正当的。与此相似，认识上也有主观确证与客观确证的区别。当且仅当一个信念不受认识上的责备时，它是主观确证的；当且仅当它能够获得充分证据的支持，它才是客观确证的。在主张主观与客观相结合的确证标准的基础上，罗素指出，知识是主观确证与客观确证的结合。它不仅仅是一种客观确证的真信念，因为完全有可能出现这样一种情况，即我明明知道我的信念没有好的理由或依据做支撑，但是我依然相信，此时我违背了认识的良心。正是因为这种情形所造成的尴尬，罗素主张当且仅当行为主体的信念建立在证据之上，并且依据主观与客观的认识责任而来，我们才可以说他具有知识。

从上面对确证概念和标准的分析，我们知道，偏见这种先入之见，是一种主观确证的信念，是行为主体对自己信念的一种自以为是和一厢情愿。在这种情况下，他对他者的行为或信仰所产生的否定反应实际上是不能获得证明的，是不合理的。因为偏见，行为主体接下来很可能不宽容和歧视他者。但这是否意味着在真理与不宽容之间存在必然的联系？如果真理诉求必然导致不宽容，那么，要做出宽容，行为主体最好是放弃自身的信念，放弃信念当中的真理诉求。例如，近些年一些自由主义者经常引用叶芝的两行诗来为宽容辩护，即"最好的是放弃所有信念，而最糟糕的是满怀热情"。难道没有一种更好的选择，即行为主体既坚持自己观点或信念的真理诉求，同时又做出宽容的行为？这是可能的，但涉及"何种真理诉求"的问题。如果行为主体基于主观确证的信念，进而主张自己拥有绝对真理，主张自己是完全而且绝对的真理的唯一持有者，而不容许任何与之不同的东西，自然，这样的一种真理诉求必然导向不宽容。如果行为主体既坚持对自身信念的主观确证和客观确证，同时强调知识的可错性，这样一种真理诉求则不会引发信念与宽容的紧张对立，从而使得行为主体既能坚持自己的信念，同时又主张别人有权坚持他自己的信念。

在主观确证与客观确证相结合的知识的基础上，行为主体能够向被宽容者说明他之所以产生否定反应的原因，而不至于成为任意、霸道之举。一种不令人反感的宽容行为或态度始于一种合理的否定反应。举例来说，如果你不喜欢我，只是因为我是湖南人，而在你心目中，湖南人比较"霸蛮"（即个性强的意思），不好相处，而实际上我虽然是湖南人，但没有"霸蛮"这一特征，那么即使你没有干涉我的行为，我也觉得你对我的宽容并不令我愉快，因为你对我的否定反应是基于你对湖南人这一群体的偏见，而这一偏见是不能获得确证的。相反，如果你不赞成我在效率与公平问题上的主张——效率优先，兼顾公平，而主张公平优先，兼顾效率，原因在于你认为不公平会影响社会的稳定，而不稳定最终会威胁到效率的提高。我之所以赞成效率优先，兼顾公平，是因为我国的国情决定我们要加快发展，才能解决社会稳定中所遇到的一些难题，才能为公平提供保障。在你表明你之所以不赞成我的观点之后，我发现在这个问题上我们的分歧是一种合理的分歧。通过这两个简单的例子，我们意识到，只有当我们允许被宽容者提出"你为什么会对我产生否定反应"这一问题的时候，或者我们可以向被宽容者公开说明我们不喜欢或不赞成的理由时，我们的宽容才不是霸道的和任意的。总而言之，基于偏见产生的否定反应是不宽容的前奏，而基于知识产生的否定反应则是宽容的开始。

（2）冷漠

宽容始于合理的否定反应，这就将宽容与冷漠区分开来。例如，我看见某人在打篮球（我对打篮球没有兴趣），我没有妨碍他就走过去了，我们不能说我宽容了这个行为。理由很简单：只有当我们遇到不赞成某个东西，至少不喜欢它时，我们才可以认为我们自己是宽容的。也就是说，我们必须起码在意某些事情，才可能进一步说我们宽容还是不宽容。否定反应对于把不干涉当作宽容来说是必要的。[1] 如果你对同性恋现象持无所谓的态度，那你的态度并不属于宽容的范畴，而只是一种冷漠。冷漠意味着人们不再强烈地反对那些有争议的信仰，严格地说，这种态度并不是宽容的态度。[2] 我们可以

---

[1] Cohen, Andrew Jason, "What Toleration is?", *Ethics*, 2004, (115): 71.

[2] Williams, Bernard, "Toleration, a Political or Moral Question", *Diogenes*, 1996, 44 (4): 35 – 48.

进一步从判断的三种情形来看宽容与冷漠的区分。

第一，我喜欢或赞成某事。

第二，我不喜欢或不赞成某事但我宽容某事。

第三，我不喜欢或不赞成某事且也不宽容某事。

其中，第二种情形是宽容的情形。宽容者对宽容对象产生了否定反应，但是出于他自身认为正当的理由而克制自己不去干涉他者。在冷漠的情形中，冷漠者既不赞成，也不反对，是一个无意见的人。宽容与冷漠尽管判然分明，但是人们仍然容易把两者混淆起来。诚然，就不干涉他者的行为或信仰这一结果而言，两者是相同的。但是，在冷漠的情形中，不干涉是行为主体对他者不关心的自然结果。之所以不关心，一个最可能的原因是他认为所有的见解都是同样有效的。既然如此，也就没有必要与别人的见解进行讨论辩难，自然不会对他者的见解产生任何兴趣。而在宽容的情形中，行为主体出于对自身见解的坚持，对他者有一种否定反应，如果不加以遏制的话，否定反应将引发行为主体对他者的干涉。之所以会出现不干涉的结果，是因为行为主体的选择。行为主体选择不去干涉敌对的他者的行为或信仰，此时的不干涉是行为主体选择的结果。在不存在大是大非的问题上，比如服饰风格、饮食习惯等，冷漠也许比宽容更可取，因为它们本来就是一些只能顺其自然的事情。一般意义上的冷漠同样能实现在差异中共存的目标，但是，一旦涉及道德善恶的问题，如果一个人或群体依然冷漠的话，则会产生巨大危害。

① 冷漠与道德冷漠

冷漠表示一种缺乏，特指情感状况，即缺乏关心和兴趣。道德冷漠，简单地说，就是善的缺乏。它作为一种特殊情形的冷漠，引起了人们的广泛关注。万俊人先生指出，道德冷漠是一个道德心理学概念，"它是指一种人际道德关系上的隔膜和孤独化，以及由此引起的道德行为方式的相互冷淡、互不关心，乃至相互排斥和否定"。①他进一步指出，道德冷漠不同于一般的感情淡薄，而是人与人之间道德意识沟通的阻塞、道德心理互感的缺乏、道德情感的丧失以及道德行为上的互不关心。这种冷漠看似与道德无涉，实际上是一种缺乏道德感、缺乏同情和逃避道德责任的表现，是一种善的缺乏。

　　作为一种善的缺乏，道德冷漠具体表现为道德敏感的缺乏、道德判断的搁置和道德实践上的不作为。第一，道德敏感的缺乏。道德敏感是一个复杂的概念，具体包括三种："对特定情况下的人的敏感，对生活在其中的理所当然的规范结构的敏感，以及对尚未探索但可能使我们比现在更好的道德可能性的空间的敏感和协调。"②首先，它是一种人的能力，"是一种道德感知、感悟、反应能力，是从人文、社会现象包括人与自然的关系中发现道德问题的能力，是对人文、社会现象进行道德考量的能力"。③作为一种能力，道德敏感既包括对善的领悟、发现和把握，也包括对恶的感知和反应。道德敏感是人之为人的重要标志和特征，一个没有道德敏感的人是一个不健全的人，一个没有羞恶心的人，一个没有同感能力和同情心的人。其次，道德敏感本质上是一种社会现象。"道德敏感不仅仅是一个同感式反应的问题，而是解释和理解他人的动机、知道如何有效

---

① 万俊人：《再说"道德冷漠"》，引自《我们都住在神的近处》，辽宁人民出版社，1998，第86~87页。

② Deborah Mower, Wade L. Robison & Phyllis Vandenberg, eds. , *Developing Moral Sensitivity*, Routledge, 2015.

③ 徐贵权：《道德理性、道德敏感与道德宽容》，《探索与争鸣》2006年第12期，第56页。

行动的问题。"① 道德敏感的缺乏，意味着道德的缺席、道德的边缘化和道德的失语，将导致社会的道德失范。第二，道德判断的搁置。道德判断是关于行为的善恶、正当与否的判断，"它断定在特定情况下这种行为是对那些规整人与人之间秩序的原则的最切近的体现"。②道德判断可能是一种直观判断，即在原有道德知识的基础上看到某种行为后不假思索地做出判断；也可能是一种理性判断，是我们依据一般的道德法则、结合自己原有的道德知识和别人的道德知识，并充分考虑当前特殊的道德情境得出的一种综合判断。不论是直观判断，还是理性判断，都具有改变道德情感和影响道德行为的功能。对于冷漠者而言，他具有关于行为善恶、正当与否的道德知识，具有做出道德判断的能力，而且知道哪些道德义务是他必须履行的，哪些行为是最适合于道德义务的；但是，他吝于做出道德判断，导致道德判断的悬置。第三，道德实践上的不作为。从法律上看，不作为是指行为主体负有实施某种行为的特定法律义务，在能够履行而不履行时产生的危害行为。例如，负有抚养义务的行为主体拒绝抚养不具有独立生活能力的人就是一种不作为。道德义务与法律义务不同，法律义务针对是否合法而言，道德义务则针对是否合乎道德。它更多地体现了人之为人对其他人所负的一种不可推卸的责任。道德上的不作为更多地是指人们面对恶行的一种麻木，这种麻木使得他们成为作恶者的帮凶，使恶最终得以实现。

这种对恶的麻木令人心悸，从扎堆现象，到见死不救现象，再

---

① Darcia Narváez, "The Neurobiology of Moral Sensitivity: Evolution, Epigenetics, and Early Experience", in Deborah Mower, Wade L. Robison & Phyllis Vandenberg, eds., *Developing Moral Sensitivity*, Routledge, 2015.

② 〔英〕拉蒙特:《价值判断》，马俊峰等译，中国人民大学出版社，1992，第 342～343 页。

到各种各样的旁观现象，都让人体会到它对人心、人命的吞噬作用，从李思怡事件可见一斑。2003 年 6 月 4 日中午，成都市青白江区的李桂芳把 3 岁的女儿李思怡锁在家中，然后去金堂县"找点钱"。她在金堂县红旗超市偷窃洗发水时被保安抓获。随后金堂县城郊派出所警察将她带回派出所。在确认李桂芳吸毒之后，城郊派出所报请金堂县公安局批准，决定依法对李桂芳实施强制戒毒。在此期间，李桂芳曾多次提出她 3 岁的女儿李思怡被锁在家中，要求先把女儿安顿好，再接受强制戒毒，但是无人理睬。她曾经跪在地上，哭着哀求办案警察解决孩子的问题。在去戒毒所的路上，她用头连续猛撞押解她的警车车门，警察终于按照她提供的号码给她姐姐打了电话，但无人接听，警察就没有再打。押解李桂芳的警车曾两次经过她的家门，但是没有停留；办案警察也没有按规定给李桂芳的家属、单位和居住地派出所送达《强制戒毒通知书》。知道李桂芳被强制戒毒，也知道她的孩子被锁在家里的青白江区团结村派出所也没有采取任何行动。就这样一个孤零零的小生命被遗忘在房门紧锁的家中。17 天以后，人们在李桂芳家中发现了李思怡的尸体，尸体已高度腐烂。警方、检察院和法院一致推断李思怡死于饥渴。警察的渎职和制度的失灵是李思怡之死的直接原因，但人心深处的冷漠也难辞其咎。"在李思怡事件中，如果存在'共同责任'的话，那么应该承担这份责任的就不仅仅是警察，站在被告席上的，将是一个庞大的社会群体，因为正是他们的漠视和'不作为'导致了李思怡之死。"[1] 这不只是执勤警察的冷漠所导致的悲剧，而是一群对他人苦

---

[1] 康晓光：《走近冷漠——"李思怡事件"一周年的思考》，《中国社会导刊》2004 年第 5 期，第 18 页。

难视而不见、遇事高高挂起的人共同导致的悲剧。如果说我们可以靠加强制度建设，加强防范、保障和监督机制等来杜绝前者的话，那么人心的集体冷漠这个毒瘤则是难以根除的。正是在这个意义上，我们说道德冷漠这种"善的缺乏"与恶相比更加可怕。

② 道德冷漠的形成机制

道德冷漠作为善的缺乏，是一种"平庸的恶"，其中作恶者并没有害人的意图，只是对受害者缺乏同情，对自己的冷漠可能造成的后果没有自觉意识，因而默认现有行为或现有体制的做法而不思考现有行为或体制本身是否合理。"平庸的恶"是 20 世纪 60 年代阿伦特（H. Arendt）在《艾克曼在耶路撒冷》（*Eichmann in Jerusalem：A Report on the Banality of Evil*）这一报告中提出来的一个重要概念。[1] 艾克曼是一个组织实施大屠杀的纳粹军官，从 1938 年到 1941 年，艾克曼负责驱逐在德国的犹太人，从 1941 年到 1945 年负责运送欧洲的犹太人以及波兰人、斯洛伐克人和吉普赛人到死亡集中营，仅 1944 年 3 月至 6 月，他就把 70 多万犹太人送进死亡集中营。审判时，艾克曼反复强调自己是齿轮系统的一环，只起传动的作用。作为一名公民，他所做的都是当时国家法律所允许的；作为一名军人，他只是服从和执行上级的命令。总之，他个人没有过错。在大屠杀过程中，还有很多像艾克曼这样的人，他们并不是天生就是罪犯、虐待狂、精神病人、社会异端或者其他道德上有缺陷的个体。既然这些最直接地参与集体屠杀事务的人，既不是异常地具有虐待倾向也不是异常地狂热，既本能地反对身体折磨所引起的痛苦，也普遍

---

① Arendt, Hannah, *Eichmann in Jerusalem：A Report on the Banality of Evil*, New York：Viking Press, 1965.

地反对攫取生命，他们为什么会做出如此残忍之举？阿伦特指出，艾克曼的行为是现代社会广泛存在的一种恶，这种恶的特征就是不思考，既不思考人，也不思考社会，默认并实践体制本身隐含的不道德甚至反道德的行为。虽然这种作恶者偶尔会良心不安，但他们往往求助于体制来为自己的冷漠行为提供无关乎道德的辩护，心安理得地逃避自己行为的一切道德责任，从而解除个人道德上的过错。因为平常人都可能堕入其中，所以这是一种平庸的恶，一种平庸形式的恶。这种平庸的恶体现了行为的兽性和当事者行为动机的肤浅之间的巨大反差。它不是指艾克曼作为帮凶的行为是平庸的，更不是指纳粹对犹太人和其他人种的灭绝是平庸的。换言之，它不是指"行为或隐藏在行为之后的原则是平庸的，而是指作恶者自身心灵和性格的一种特殊属性"。① 这种恶的动机是很平常的人性的弱点，邪恶因动机的肤浅而平庸。

为什么会出现道德冷漠这种平庸的恶？这主要是因为个体的道德抑制机制受到损害，失去反对暴行的自觉意识。凯尔曼（H. C. Kelman）指出，个体道德抑制机制（individual mechanism for moral inhibitions）受到损害有三个条件。② 第一，暴力通过享有合法权力的部门的正式命令来实现，本身被赋予权威；第二，通过规章的约束和对角色内容的精确阐述，行动被程式化；第三，通过意识形态的灌输，暴力受害者被剥夺了人性，被当作"非人类"。只要具备了其中一个条件，个体的道德抑制机制就会受损。

---

① 涂文娟：《捍卫行动——汉娜·阿伦特的公共性理论研究》，清华大学哲学系博士学位论文，2006，第68页。

② Kelman, Herbert C., "Violence without Moral Restraint: Reflections on the Dehumanization of Victims and Victimizers", *Journal of Social Issues*, 1973, 29 (4): 29-61.

　　鲍曼（I. Bauman）进一步探索了个体道德抑制机制受损的深刻原因。第一个原因是对组织纪律的遵从。在组织中，消除自己的个性、牺牲自己的利益，无条件地忠诚于组织是个体的一种最高德性，其他道德要求则被取消。"更确切来说，要求服从上级的指令而排除所有其他的对行动的刺激，要求献身组织福利，这些要求由上级命令来使之明确，高于其他一切奉献和承诺。"① 用韦伯的话说，无私地遵从这种德性乃是公仆的荣誉。在审判期间，艾克曼坚持主张遵守的不仅是命令，而且还是法律，他们是以一种康德绝对律令的变种形式来行动的。"要这样行动，仿佛你的行为准则与法律制定者的准则或本国法的原则相同。"② 因为康德意义上的道德法则被置换成纳粹统治者的命令，以至于这一变种的绝对律令支持的不是个人自主，而是官僚主义的附属关系。通过荣誉，纪律取代了道德责任，组织规则成为正当性的源泉和保证。符合组织规则的事情是正当的，反之，就是不正当的。其中，个人良知是没有位置的。即使偶尔良心不安，我也可以通过上级对我的行为负全部责任来得到缓解。我之所以这么做，是因为上级要我这么做，我只是一个执行上级指示的忠诚的实践者，至于我所做的事情是道德的还是不道德的，无需我做出判断。在现实生活中，例如医生的见死不救、漠视生命就与某些医院的规章制度有关。如果医生所要对之负责的不是病人，而是医院的效益，那么，如果某个病人因为他的所作所为不幸身亡的话，他可以找借口说"这是医院规定，我也没办法"，从而为自己间接地夺走一个人的生命来开脱罪责。这样一来，他不仅不会有道德

---

① 〔英〕鲍曼：《现代性与大屠杀》，杨渝东、史建华译，译林出版社，2002，第29页。
② Arendt, Hannah, *Eichmann in Jerusalem: A Report on the Banality of Evil*, New York: Viking Press, 1965.

上的负罪感，反而会觉得自己的做法理所当然，因为这至少没有给医院效益造成损失，而自己也不会遭开除。如果医院将效益摆在第一位，对人的生命尊严的尊重和捍卫则难以成为医生行医的道德底线。正是因为对组织的忠诚，个体的道德抑制机制因而受损。他既然意识不到自身行为所隐藏的恶的本性，自然也不会去反思其正当性。

第二个原因是行为的道德特征的不可见。行为的道德特征的不可见是造成个体道德抑制机制受损的又一重要原因。在种族灭绝的行动中，大部分人没有面临道德选择，甚至没有出现良心上的抗争。也就是说，他们在道德问题上从来没有出现斗争。大多数参与者既没有向犹太小孩开枪，也没有往毒气室灌毒气，而大多数官僚也只是起草备忘录、绘制蓝图、电话交谈和参加会议，但是只要他们坐在桌子边就能毁灭整个人类。[1] 这些人并不知道这些看起来无害的忙碌有什么最终结果，他们的行为和集体屠杀之间的因果联系是难以察觉的。之所以看不到行为与结果之间的因果联系，是因为大量行为中介的存在。行为的中介是个人的行为通过另外一个中间人来表现的现象，这个人站在我和我的行为中间，使我不可能直接体验到行动的后果。行为的中介是现代社会最显著和最基本的一个特征。"意图和实际完成之间有很大的距离，两者之间的空间里充满了大量的细微行为和不相干的行动者。'中间人'挡住了行动者的目光，让他看不见行为的结果。"[2] 因为行为的中介，大量没有人自觉承担责任的行为出现了：一方面，对为了他们而做的行为而言，它们只存

---

① 〔英〕鲍曼：《现代性与大屠杀》，杨渝东、史建华译，译林出版社，2002，第33页。
② 〔英〕鲍曼：《现代性与大屠杀》，杨渝东、史建华译，译林出版社，2002，第34页。

在于他们的口头上或者想象中，他们并没有做，所以他们不会承认这些行为是自己的；另一方面，实际做的人也会把它们看成是别人的行为，而自己只不过是一个外来意志的工具。

行为与后果之间距离的增加超出个体道德抑制机制发挥作用的范围，它抹杀了行为的道德意义，因而预先避免了个体的道德正当标准与行为产生的不道德的社会后果之间的冲突。随着大多数具有社会意义的行为得到一长串复杂的因果关系和功能依赖关系的中介，人们对自身行为缺乏直观的认识，道德困境也消失在视野之外，这使得人们越来越没有机会进一步检审自己的行为，从而做出有意识的道德选择。因为对组织纪律的忠诚，参与大屠杀的普通人悬置道德判断；因为行为道德后果的不可见，他们又实现了对受害者与受害事实的视而不见。这些最终造成个体的道德抑制机制完全受损，因而辨认不出不公正，也辨认不出是非善恶。历史证明，这种由社会体制生产出的道德冷漠引发了灾难性的后果，对整个犹太民族造成了毁灭性的打击。

在当今生活中，互联网充当了"中间人"的角色。因为网络的阻隔，行为者的行为与其后果之间的关系变得难以辨认。例如，2007 年 3 月 21 日，英国发生了首例"网络自杀案"。据报道，英国42 岁电气工程师凯文·威特里克因生活不幸而彻底绝望，于 21 日晚在家中上吊自杀。更可怕的是，凯文竟然利用网络摄像头将自杀的全过程向 50 多名网友进行视频直播。其中，有网友催促道："快点呀，把绳子绕住你的脖子！见鬼了，他连怎么死都不知道！"另一网友也奚落道："你能快点跳下来吗？请你死了之后，再在键盘上敲几行字给我们报个信吧。"这些催促和奚落中隐藏的是深深的冷漠，是对人性的漠视。这一漠视之所以得以可能，是因为网络使得网民成为一个纯粹的符号，而不是一个活生生的人。在这个案例中，冷漠者看不到他的催促或奚落会带来什么后果，因为网络的中介，在某种程度上他的催促或奚落与别人的自杀之间的因果关系变得不可辨认。如果没有视频直播，他永远也不知道他的冷漠导致的是一个生命的陨灭。可以说，道德冷漠这种"平庸的恶"不利于共存，甚至会成为别人消灭差异的帮凶，大屠杀是最强有力的证据。

3 宽容与克制

克制是宽容概念的决定性条件。所谓克制，是指行为主体不干涉敌对的他者的一种无为。作为一种无为，它类似于亚里士多德所说的自制。① 自制者知道其欲望是恶的，但是基于逻各斯而不去追随它。在差异情境中，行为主体对他人的行为、信仰或者生活方式产生了否定反应，且具备干涉的能力，宽容者不会基于其否定反应和能力而对他人做出干涉，而会基于普遍的标准而选择克制。克制保证了宽容者与被宽容者在差异和冲突中的共存。选择克制与否是宽容与不宽容的分界线，而克制的彻底与否则是宽容与宽恕的分水岭。

---

① 基于宽容概念的克制条件，利科（P. Ricoeur）将宽容视为行使权力时的一种禁欲主义的结果。宽容实际上是一种放弃，代表可能有权力的人放弃把他的信仰、行动方式和生活方式强加给其他人。放弃总是困难和高代价的。这种放弃由一种禁欲主义构成，分成五个阶段："1. 我不愿容忍我不赞成的意志，但是我并没有阻止这种意志的权力；2. 我不赞成你的生活方式，但是我努力理解这种生活方式，尽管并不坚持这种生活方式；3. 我不赞成你的生活方式，但是我尊重你随意生活的自由，而且承认你有公开显示这种生活方式的权利；4. 我既不赞成也不反对你和我过着不同生活的理由，但是这些理由也许表示一种与善的关系，由于人类的理解力有限，我并没有注意到这种善；5. 我赞成所有的生活方式，只要它们并不明显地伤害第三者，总之，我不干涉一切类型的生活，因为它们是人类多样化和差异性的表现。"参见〔法〕利科《宽容的销蚀和不宽容的抵制》，费杰译，《第欧根尼》1999 年第 1 期，第 104 ~ 114 页。

　　当行为主体对他者产生否定反应时，倾向于认为自己是对的，而他者是错误的。但是，行为主体认为某种行为或信仰是错误的并不等同于这种行为或信仰本身就是错误的。前者是行为主体基于主观确证而做出的一种判断，实际上是行为主体的信念；后者是一种客观确证为真的知识。如果行为主体把主观确证为真的信念等同于客观确证为真的知识，认为自己是正确的，而他者是错误的，进而去干涉或压制他者，而不顾他者的行为或信仰可能同样是正确的，或者迄今为止未被确证为错误的这一事实，那么行为主体就是不宽容的。例如，在西方中世纪，基督徒认为无神论是错误的，进而对无神论者进行干涉和压制，他们所做出的就是不宽容的行为。简单地说，不宽容就是一种干涉。这里出现了一个问题：我们对绝对的恶（比如集体大屠杀行为）的干涉是否也属于不宽容的范畴？在这种情况下，我们主张不应该宽容。因为要确保宽容本身的存在，就不能宽容不可宽容者。这是宽容的限度问题。对不可宽容者的不宽容与一般的不宽容的不同之处在于：一般的不宽容者会提出不宽容的理由，为自己的不宽容提供正当性证明；不可宽容者则不会提供理由，即使提供了理由，也是干涉的理由，从而走向了教条主义。为了避免这种混淆，我们有必要进一步缩小不宽容的范围，指出不宽容是行为主体对他者的不正当干涉。之所以是不正当的，是因为它是对可宽容者的干涉。因此，宽容包括了两个不可分割的部分，对可宽容者的不干涉和对不可宽容者的干涉。对可宽容者的不干涉使它与不宽容相区分，对不可宽容者的干涉使它与宽恕相区分。因此，我们首先需要确立宽容的标准，界定出可宽容与不可宽容的范围，在此基础上再分析宽容与不宽容和宽恕之间的关系。

（1）宽容的标准——道德权利

宽容是有限度的，只有那些宽容的人才能要求我们宽容。这是一个简单的相互性问题，宽容不能因为宽容不可宽容者而取消自身。培尔指出，那些拒绝良心自由的宗教是得不到宽容的。福斯特（R. Forst）也指出，我们应该把宽容的分界划在不宽容开始的地方。① 但是，当我们问宽容的界限是什么的时候，我们需要在宽容以外寻求进一步的规范资源。因为，如果我们只是说宽容可宽容者，不宽容不可宽容者，而不进一步指出可宽容者与不可宽容者究竟是什么，我们还是不知道该宽容什么，不该宽容什么。在这个意义上，我们说宽容不是一个自足的概念，而是规范意义上的依赖概念。换句话说，宽容本身不是一个最终价值，而是其他价值或原则所要求的一种态度。为了避免武断之嫌，宽容的界限所要求的基础必须在规范上是独立的。

库茨拉底认为，作为个人态度的宽容是没有限度的，而作为公众事务原则的宽容的限度则是由人权和知识所界定的；斯佩伯主张，可宽容与不可宽容的标准在于多元主义和中立主义原则。在我看来，无论是私人领域的宽容，还是公共领域的宽容，都遵循一条底线：对道德权利的尊重。

每个人都同意法定权利的存在，但是对于道德权利却抱有怀疑。但是，在两种情形中，认为不存在道德权利的人会放弃他们的立场。第一，当人们发现法律文件取消他们珍惜的法定权利的时候，即使是通过有效的立法程序或政治程序，他们实际上都会强烈反对。第二，人们常常说"有些权利是基本的"，这句话的意思显然不是

---

① Forst, Rainer, "The Limits of Toleration", *Constellations*, 2004, 11 (3): 313 – 326.

"有些权利在法律上是基本的"，因为权利一旦从法律条文中被合法取消，它们就不再是法定的权利。

既然道德权利的存在是毋庸置疑的，那么它究竟是何种权利？简单地说，道德权利是人之为人所具有的权利。要进一步明确道德权利的性质，我们可以从它与约定权利和法定权利的区别来看。

约定权利是不为法律所承认的权利，它是某个职业团体、社会团体、社会机构或私人俱乐部的成员所拥有的权利。约定权利是一种约定范围内的权利，不能独立于制约该组织的一套约定和规则。与约定权利不同，道德权利是独立的。例如，校友俱乐部的成员享有俱乐部赋予他们的约定权利。如果你是某校友俱乐部的成员，你就享有约定权利；如果不是，你就不享有这些约定权利。但是，就道德权利而言，不论你是否属于这个俱乐部，你都具有道德权利。

法定权利依赖于现存法律原则和规则的支持，道德权利依赖于道德原则和规则的维系。[①] 这两种类型的权利具有本质的差别。第一，两者互不参照。法律体系在形式上无需参照道德体系对它的理解，同样，道德体系在形式上也无需借助于法律体系。一个人可能享有做某事的法定权利，然而做这件事却是不道德的；同样，一个人具有某项道德权利，但这一权利得不到相应的法律保障。第二，形成机制不同。法定权利产生于政治机构、法规法令以及最高政府官员的行政命令等，而道德权利独立于法定权利而存在，形成批判或确证法定权利的基础。法定权利依赖于法律规范的支持，法律规范的强制性特征可以保证法定权利得到社会的认可和强力保障。道

---

① 〔美〕汤姆·L.彼彻姆：《哲学的伦理学——道德哲学引论》，雷克勤、郭夏娟、李兰芬、沈珏译，中国社会科学出版社，1990，第 282 页。

德权利则不然，它不依赖于社会的认可和强力保障，是我们所有人仅凭我们是人便具有的权利，例如人权。第三，取消机制不同。我们可以通过政治机构的法律修正案甚至政变来取消法定权利，但我们却不能通过政治表决、政治权力或修正案来损害或消除道德权利。

道德权利先于或独立于任何法规或规章而存在，它具体可以分为"习惯的权利"、"理想的权利"、"凭良心的权利"和"履行的权利"四种。① 习惯的权利是一种来自业已确立的习惯和预期的权利，其存在不依赖于法律的认可；理想的权利不必然是现实的权利，而是一个更完善或更理想的法律体系或习惯的法规中将会存在的权利；凭良心的权利则是一种要求，这种要求的正当性在于内心良心法则的承认，而不依赖外在的法规或习惯（现实的，或者理想的）的认可；履行的权利是从道德上证明某种其他权利是合理的，而这后一种权利是某人所拥有的，不管履行这种权利是正确的还是错误的，他都有履行的权利。

从与法定权利的对比来看道德权利，这是对道德权利的否定阐释。"如果说法律权利是一种实有的权利的话，那么，道德权利则表现为一种应有的权利。"② 其中，法律权利（即法定权利）的根据在于现实的法律条文中的具体规定，而后者诉诸某种道德直觉或道德理想，是基于对人之为人的道德条件的判断和分析而形成的一种道义要求。如果从肯定的角度来阐释，道德权利又是什么？关于道德权利的肯定阐释大致有三种。

第一种是麦克洛斯基（H. J. McCloskey）的"资格说"。道德权

---

① 〔美〕乔尔·范伯格：《自由、权利和社会正义——现代社会哲学》，王守昌、戴栩译，贵州人民出版社，1998，第122~123页。

② 余涌：《道德权利研究》，中央编译出版社，2001，第24页。

利就是赋予权利主体做某事的道德权威，他有资格不受干涉或获得帮助。作为一种资格，权利是"对……享有权利"（譬如生命的权利、自由的权利和幸福的权利），而不是"依赖于……而享有的权利"。① 权利是去做、去要求、去享有、去据有、去完成的一种资格。权利就是有权行动，有权存在，有权享有，有权要求。我们讲权利说的正是拥有、实施和享有。在麦克洛斯基看来，权利与能力、权力和喜好是密切不可分的，它的特征与要求恰好相反，因为我们提出要求权，但并不意味着拥有、实施或享有它们。

第二种是美国法学家庞德的"合理期望说"。在《通过法律的社会控制、法律的任务》一书中，他以"权利意味着合理的期望"区分了法律权利、自然权利和道德权利，对道德权利做出了肯定的理解。② 当一个主张应当由法律给予承认和保障时，我们称它为一项自然权利；当一个主张可能为共同体的一般道德感所承认并为道德舆论所支持时，我们称它为一项道德权利；当一个主张为法律所支持，而不论它是否得到其他东西的支持，我们称它为一项法律权利。

第三种是"同意说"。无论一个人是否具有通过自己的行为或影响他人的行为来实现愿望的力量，如果公共意见赞成或者至少默认他以这种方式去实现愿望，而不赞成对他这种行为进行阻碍，那么他就有实现愿望的道德权利。③

无论是主张道德权利是一种资格，还是一种合理的期望，都表

---

① McCloskey, H. J. , "Rights", *Philosophical Quarterly*, 1965, 15 (59)：118.

② 〔美〕庞德：《通过法律的社会控制　法律的任务》，沈宗灵、董世忠译，商务印书馆，1984，第42～45页。

③ Carritt, Edgar Frederick, *The Theory of Morals: An Introduction to Ethical Philosophy*, Oxford: Oxford University Press, 1928, p. 96.

明道德权利是一种实在的权利。相对于法定权利和约定权利而言，它既不以法律条文、法律原则或规则的变更或取消为转移，也不以约定的变化或取消为转移，具有不可消解性。

道德权利是人之为人的基本权利。承认道德权利的存在，就是承认人人都有一种受到平等关心和尊重的权利。它是人作为目的而不是手段的最高体现。对个人权利的侵犯就是没把人当成目的，或是没有把他当成社会的完整成员，因而没有给予他与其他成员同等的关心和尊重，实质上是对人的尊严的亵渎。这种平等的权利不是法定权利，而是道德权利。尊重道德权利理应成为宽容的标准，并以此来界定可宽容与不可宽容的范围。

（2）何谓宽恕

在宽容止步的地方，宽恕开始发挥作用。如果从宽容的标准看，宽恕是对不可宽容者的不干涉，是一种彻底的、无条件的、无限度的宽容。但是，宽恕远比这个复杂。20 世纪以来，人们围绕着为什么要宽恕、能否宽恕不可宽恕者等问题展开了广泛的讨论，共同指向了根本的恶。

① 行动与宽恕

现代社会是一个具有高度复杂性的社会，而不是一个封闭、静态的社会。面对这种复杂性，没有人可以既负责地行动，同时又不会遭遇错估行动情况的危险。为什么要宽恕，这与人类行动及其特征密切相关。因自然规律，人是被决定的；因行动，人获得自由。首先，我们需要简单地区分一下行动、劳动和制作。劳动是指人消耗体力与自然界进行能量交换的活动，是人的肉身生存与维系所必需的，表明人有作为动物的一面，摆脱不了自然规律的制约和限制。制作是指人为了一定的目标而进行的活动，与劳动相比，制作中包含着更多的创造性，其产品最终构成了一个人造的世界。行动是人完全自由的活动，既不受制于必然性，也不为功利动机所左右。他人的在场为行动的实现提供前提，但行动不受他人的在场的决定。

行动是人的"第二次降生"，是人类自由的实践，每一个行动都意味着一个新的开端。行动具有三个特性：第一，无限性。每个人都是独特的，人的降生意味着一种独特的新东西来到世上。自然所赋予的"我是什么"是我可能与其他的人所共同拥有的，而"我是谁"则需要我通过行动去展示，这是我的独特性之所在。在展示的过程中，我离不开他人的在场和参与。但是我的每一个行动都会引起他人的反应，从而激发一个新的行动，而这个新的行动又会激发其他人以行动，从而产生一种多米诺骨牌效应。第二，行动的不可预见性。制作者具有明显的目的性，在制作之前头脑中就有了他所要制作东西的模型；行动者则没有目的性，只有意义，而且这种意义只有当行动结束时才会显现出来。当行动结束时也正是行动者生命终止之时，因此，行动者无法预知、确知行动的结果。第三，行动的不可逆性。行动的无限性和不可预见性，决定了行动的不可控性，从而使得行动具有不可逆性。不可逆性是指尽管一个人不曾也未能知道他正在做的一切，但他无法制止已经做的一切。①

行动是人之为人所必需的，而行动的特性又为人的行动带来了困境，如何补救行动的不可控性、不可逆性所带来的后果，并为新的行动开创新的可能性？这需要宽恕。宽恕有助于消除过去的行为的影响，并矫正由行动引起的不可避免的危害。如果没有他人对我

---

① 赵萍丽：《"行动"与积极生活——解读阿伦特的〈人的条件〉》，《中共浙江省委党校学报》2006 年第 3 期，第 52 页。

们做的事情所产生的后果的宽恕，我们的行动"就会被局限在一项我们难以从中自拔的行为中；我们将永远成为后果的牺牲品，就像没了咒语就不能破除魔法的新来巫师一样"。① 为了展示我们的独特性，我们需要在行动中向人展示"我是谁"，与此同时，我们这种自由的实践活动不可避免地会产生一些危害他人的后果。行动的必要性与行动的困境并存的局面使得宽恕成为必要，而宽恕又使得行动得以在新的可能性中开拓前进。

② 有条件的宽恕和无条件的宽恕

对于一般的行动所引发的后果，我们是能够宽恕的。宽恕他人的行动所产生的后果，并在他人宽恕我们的行动所产生的后果的前提下继续新的行动，这似乎是一个很自然的过程。这里有一个前提，即后果并非有意而为。剩下的问题就是，我们能否宽恕有意而为的根本的恶？在这个问题上，20 世纪以来的哲学家分化为两派：一派以德里达为代表，他认为只有当我们宽恕不可宽恕者时，宽恕才有意义，宽恕中所内蕴的这一超越、纯粹的维度才是宽恕最可贵的地方；一派是阿伦特、勒维纳斯（E. Levinas）和杨凯列维奇②等人，他们主张我们不能宽恕不可宽恕者。下面我们以德里达的宽恕思想为例，来体会宽恕的有条件性和无条件性之间的紧张。

德里达关于宽恕的思考，始于杨凯列维奇的名句：对于不可补救的罪行来说，"宽恕在集中营中已经死亡"。③ 在《不受时效约束》

① 〔美〕阿伦特：《人的条件》，竺乾威等译，上海人民出版社，1999，第 229 页
② 杨凯列维奇（Vladimir Jankelevitch），法国当代犹太裔哲学家，有多种中译名，金丝燕在翻译《世纪与宽恕》时将其翻译成冉克雷维，张宁在《德里达的"宽恕"思想》一文中将其翻译成亚凯勒维奇。特此说明。
③ 杜小真、张宁：《德里达中国讲演录》，中央编译出版社，2003，第 10 页。

一书中，杨凯列维奇认为，记住暴行、丑恶而不忘却，对建构道德义务有着重要作用。他认为人不能宽恕不可宽恕的人或事，当罪行（比如纳粹集中营）超出了所有人性尺度，宽恕就不再具有意义。宽恕随着受害人的死去而死去，不再存在。德里达指出，这种有条件的宽恕确实已经死去。但是，宽恕在变得不可能时恰恰成为可能，也只有当它在通常意义上变成不可能时才重新具有真正的意义，那就是"宽恕不可宽恕的"。首先，要使宽恕成为可能，必须存在某种不可宽恕的东西，宽恕是对不可宽恕者的宽恕。"如果人们只准备去宽恕那些可以宽恕的事，即教会所谓'轻罪'，那么，宽恕这一思想本身就消失了。如果说，还有什么要宽恕的话，那应该是，用宗教的语言来说，是死罪，最严重的是不可饶恕的罪过。"① 其次，宽恕不是忘却。要使宽恕成为可能，就必须使那无可挽回的创伤与损失在记忆中保持它的在场。如果伤口愈合了，宽恕也就没有存在的位置。因为忘却不仅丧失了对过去的再现，而且将之转化、化解并重建成另一种经验。最后，宽恕是纯粹的。只要是为一个目的服务，无论这个目的多么高尚、多么精神化（救世、和解或拯救），只要它旨在建立一种正常化（社会的、国家的、政治的或心理的），宽恕就不再纯粹，包括宽恕这一概念在内。宽恕不是而且也不应该是正常的、标准的、规格化的，而应该是异常的、奇特的。真正的宽恕是无条件的、无界限的、纯粹的、超越的，这是德里达整个宽恕思想的精髓所在。德里达强调宽恕的无条件性和超越性，在他那里，宽恕与惩罚、报复、给予和悔过不可同论。他不同意阿伦特、勒维纳

---

① 〔法〕德里达：《世纪与宽恕》，金丝燕译，引自乐黛云、李比雄《跨文化对话》，上海文化出版社，2000，第 14 页。

斯、杨凯列维奇关于宽恕的有限性和有条件性的主张。

阿伦特认为，宽恕是有界限的和需要补充的，"人们不能宽恕他们不能加以惩罚的行为，也不能惩罚那些不能宽恕的行为"。① 在严格执法进行惩罚的地方才能有宽恕，一旦超出了法律和惩罚的能力，人类就无法宽恕。此外，根本的恶无法用罪恶的动机来解释，它超出了人类权力的潜能，既不能惩罚也不能宽恕。只有对于由无知导致的冒犯才可以宽恕，才可以恢复爱。在这一条件下，宽恕才能实现在人际关系网络中不断编织新关系的目的，并且使生命延续下去。杨凯列维奇也认为，对于不可补救的罪行，不可能通过人的尺度来衡量，宽恕的界限和条件在于宽恕的对象必须是人类可以惩罚的事情，它要求被宽恕者必须请求宽恕，必须实行苦修、忏悔、良心发现和自我审判。勒维纳斯一方面指出宽恕是不可能的，另一方面又指出必要时对那些有口无心的人是可以宽恕的。"宽恕要具备两个条件：被触犯者的善意，触犯者充分的诚意。但是，触犯者基本上意识不到：触犯者的好斗性是他的无意识本身。侵犯是明显的疏忽。在实质上，宽恕是不可能的。"在他看来，侵犯一个人是很严重的事情。除非侵犯者承认他的过错，而且被侵犯者十分愿意接受侵犯者的恳求，宽恕才成为可能。如果侵犯者不请求，或者即使他请求了，被侵犯者也不努力去使侵犯者平静下来的话，谁也不能宽恕他。

德里达指出，在阿伦特、勒维纳斯和杨凯列维奇的宽恕概念中，无条件宽恕与有条件宽恕之间存在着明显的矛盾和紧张。"尽管他们强调不宽恕，宽恕不能宽恕它不能宽恕的东西；宽恕是有条件的，宽恕只是人的事情；对于不可能用人的尺度来衡量的罪行，在人的

---

① 〔美〕阿伦特：《人的条件》，竺乾威等译，上海人民出版社，1999，第232页。

尺度之外的罪行，宽恕不再存在。但是，他们又针对绝对不可宽恕的事情说，必须认罪、悔过，只有认罪和悔过，才可以被宽恕。……结果是不可宽恕的也可以被宽恕，绝对不可宽恕的、超出了人的能力之外的罪恶就成了可宽恕的。"[1] 如果宽恕存在界限，那么，随着罪恶的停止，宽恕也不再发生。如果宽恕与算计混在一起，或者只有死亡和毁灭才能结束罪恶，那么这也就结束了宽恕的可能性和宽恕本身。在人的宽恕中，有条件宽恕与无条件宽恕是自相矛盾的：如果宽恕的对象如罪恶、过错、冒犯本身是可宽恕的，再施以宽恕又有什么意义呢？宽恕的可能性正依赖于那个不可宽恕者的存在，此时，宽恕也才有意义。

实际上，宽恕的有条件性与无条件性既是相互矛盾的，又是不可分离的。一方面，宽恕存在德里达意义上的无条件性、纯粹性、无目的性的维度，这是伦理意义上的；另一方面也存在着有条件的宽恕，如历史的、法律的、政治的、日常的对不可宽恕者的宽恕。德里达之所以要捍卫宽恕的无条件性，是感于现实生活中人们对宽恕的滥用，把宽恕仅仅作为一种包含算计理性在内的功利要求。德里达也自知无条件的宽恕的困难，"如果存在宽恕，它就只应该并指能够宽恕不可宽恕、不可补救者，即做不可能之事情"。[2] 宽恕正是在不可能之处才可能，也正是在不可能之处获得最大的意义。在这个意义上，宽恕类似于一种乌托邦，令人期许，但难以企及。

从德里达的宽恕思想中，我们可以体会到宽恕概念中所蕴含的有条件性和无条件性之间的内在紧张。现在我们简单地分析一下宽

---

① 尹树广：《宽恕的条件和界限——苦难意识、记忆理性和有限度的超越性》，《北京大学学报》（哲学社会科学版）2003 年第 5 期，第 135 页。

② 杜小真、张宁：《德里达中国讲演录》，中央编译出版社，2003，第 14 页。

容与宽恕的区别。

第一，宽恕和宽容与正义的关系。侵犯、错误、过失、犯罪是宽恕存在的必要前提，而侵犯、错误、过失、犯罪这些范畴属于正义的逻辑范围，是对允诺的相互性的破坏。当这种相互性被破坏时，受害者自然会产生报复或惩罚的冲动。"和允诺一样，惩罚遵循的是正义的逻辑，而宽恕则超越了正义的逻辑，是一个与允诺相反的行为。这一区别揭示了，人们为什么有时选择惩罚，有时又必须放弃惩罚而选择宽恕。"① 宽恕超出正义逻辑之外，宽恕与其说是惩罚之外的另一选择，不如说是正义逻辑之外的另一选择。惩罚的目的是为了维护正义的条件性，而宽恕则从根本上超越这一条件性。"它是个人在正义逻辑之外对正义范围之内的现象（即非正义）所做的反应。"② 在这个意义上，我们可以说宽恕对正义有一种解构的作用，甚至在一定程度上取消正义的存在。但是，因为无条件的宽恕是罕见的，故我们需要正义秩序来保证人们允诺的相互性不受侵犯。与此不同，宽容面对的不是非正义，而是差异。差异是宽容得以必要的前提条件。正义所面对的主要是利益差异，但是现代社会除了利益差异以外，还存在着观念差异和认同差异，这些差异是不能够简单地利用正义逻辑中的分配和再分配手段来解决的。正是在这个意义上，我们说宽容是正义的补充，是促进正义的。

第二，各自的限度不一样。宽容是一种有原则、有限度的克制。它所遵循的底线是对道德权利的尊重，一旦跨越这条底线，宽容者将不再宽容。对于极权主义这样一种根本的恶，宽容者坚决主张不

① 慈继伟：《正义的两面》，生活·读书·新知三联书店，2001，第215页。
② 慈继伟：《正义的两面》，生活·读书·新知三联书店，2001，第229页。

宽容。正是在宽容停止的地方，宽恕开始运作。在宽恕的情形中，无条件的宽恕是无限度的，面对的是无可消解的恶、根本的恶、不可恢复的创伤，它无条件给予没有任何除了宽恕以外的目的。有条件的宽恕则是对那请求宽恕者的宽恕，这个条件就是侵犯者要向受害者请求宽恕。这样一来，可能出现的结果是不可宽恕的也可以被宽恕，绝对不可宽恕的、超出人的能力之外的罪恶也成了可宽恕的，出现对宽恕的滥用。

以上，我们分析了宽容概念的克制条件，并以尊重道德权利为标准界定了可宽容与不可宽容之间的范围。要使得宽容不至于自我瓦解，需要两个不可分离的方面，即对可宽容者的不干涉和对不可宽容者的干涉。正是这两个方面，使得宽容区别于不宽容与宽恕。不宽容是对可宽容者的干涉，而宽恕是对不可宽容者的不干涉。因此，宽容介于不宽容与宽恕之间，是一种有原则、有限度的克制。

通过以上要素分析，我们发现宽容既不同于冷漠，也不同于宽恕。宽容是指行为主体对其不喜欢或不赞成的行为、信仰或生活方式有意向干涉却不干涉的一种有原则的克制。其中，否定反应是宽容概念的起码条件，包括道德判断意义上的不赞成和非道德判断意义上的不喜欢。有无否定反应是区分宽容与冷漠的标准。伴随着否定反应的产生，行为主体最自然、最直接的后续反应是进行干涉。如果行为主体产生了否定反应，而且有干涉的意向，他选择干涉还是不干涉即成为最为关键的一步。克制是指行为主体不干涉敌对的他者的一种无为，是宽容概念的决定条件。选择克制与否是宽容与不宽容的分界线，克制之有无限度是宽容与宽恕的分水岭。

第二章　古希腊罗马哲学中的宽容思想

在宗教改革后整个欧洲的宗教—政治冲突的过程中，宽容逐渐成为西方政治—哲学论述中最重要的概念之一。然而，作为个人伦理生活的一个美德，宽容的历史延伸到古代。我们应该允许他人拥有发现真理的自由，这一观念自苏格拉底以来就一直伴随着我们。苏格拉底的伦理生活模式假设，知识产生美德，真正的知识不能通过强迫产生。这种伦理生活模式将哲学实践与同他人一起在宽容的对话共同体中寻求美德联系在一起，为当代西方的政治宽容理想提供了历史启发。

1　苏格拉底：对话式宽容

公元前 399 年，苏格拉底（Socrates，约公元前 469 ~ 前 399）被雅典的陪审团判以死刑。起诉苏格拉底的三个人是，代表雅典政治家和手艺人的阿尼图斯（Anytus）、代表诗人的美勒托（Meletus）和代表公众演说家的莱康（Lycon）。控告的罪名是，腐蚀雅典青年、崇拜新神而不崇拜雅典诸神。他没有任何著作，今人主要通过色诺芬和柏拉图的著作来了解他的生平和思想。色诺芬（Xenophen）是历史学家，在《家政篇》（*Cynegeticus*）、《辩护辞》（*Apology*）、《宴会集》（*Symposium*）和《回忆录》（*Memorabilia*）四本书中记录了苏格拉底的言行。柏拉图的对话多以苏格拉底为主角，但一般认为只有他的早期对话基本上反映了苏格拉底的思想，其中尤以《申辩篇》、《克里托篇》、《斐多篇》和《尤西弗罗篇》四篇记录苏格拉底在审判期间的对话为信实资料。

在古希腊，宽容精神与节制的美德联系在一起。Sophrosyne 可以翻译为"适度"或"节制"。在《卡尔米德篇》（*Charmides*）中，苏格拉底讨论了节制，其中一个定义是"做自己的事"。随着对话的进行，我们发现，为了做自己的事，我们需要知道自己的事是什么，即"认识你自己"。因此，《卡尔米德篇》向我们表明追求自我知识的重要性，并为我们提供了这种追求以及节制美德如何起作用的例子。这一对话以暗示宽容精神作为结束。苏格拉底告诉卡尔米德必须重新检省自己，从而发现自己是否确实是节制的，因为节制与自我省察携手并进。但是，卡尔米德承认他不知道节制是什么，并嘲笑着以暴力威胁苏格拉底：进一步教导他的暴力请求。这里提出的困难是两方面的：一方面，适度要求对哲学无节制的投入；另一方面，尽管节制要求自我知识，然而自我知识只能通过节制才能发展。因此，我们需要不断地问自己和彼此，从而确保我们事实上是因为合适的理由而成为节制的。我们对投入不可能是适度的。同样的问题也适用于宽容。我们对不宽容不能是宽容的；为了了解宽容确实是好的，我们必须不断地在宽容精神中检省宽容。

应该指出的是，苏格拉底发现很难为自己的伦理思想提出肯定的论据。如亚历山大·尼哈马斯（Alexander Nehamas）做出结论："苏格拉底对对话者的邀请是规劝的而非武断的。他的态度是节制的：他想人们追求他新的生活方式，但是没有论据说服他们这样做。"① 宽容的一个困境是，宽容精神似乎使我们没有能力针对不宽容者提出有利于宽容的肯定证据。一个解决办法是塑造一种承诺宽容的伦理生活，而不是为它辩护。实际上，苏格拉底可以作为这样一个榜样来看待。苏格拉底宽容生活的榜样在《申辩篇》中达到高潮，其中他在雅典议会面前为自己做辩护。"苏格拉底的审判发生在雅典理想幻灭和自我怀疑的场合，其时雅典在伯罗奔尼撒战争中失败。实际上，此时希腊社会以文化混乱和宗教多元为特征。"② 对于那些对时代的混乱不满的人，批评苏格拉底的对话方法自然而然成为焦点。社会保守主义者并不想宽容替代的信仰。在保持传统社会的纯洁性和整体性的尝试中，他们起诉了苏格拉底。

与这些不宽容的社会保守主义者不同，带着找到自己和对话者双方都能赞成的真理的希望让对话者参与对话，苏格拉底宽容地面对每个人，既包括有着替代信仰的人，也包括有着传统信仰的人，甚至在申辩演讲中他也是这样做的。当尚未达到一致意见，苏格拉底允许对话者我行我素。他既不求助于暴力，也不采取其他策略，例如耻辱的求生。对于他而言，目标不仅仅是赢得论证，而是要理解自己和对话者。与政治对手不同，苏格拉底不愿意进行在事先没有寻求理解他人的情况下就谴责他人的活动。当他人的观点或活动最终被证明不一致或不可理解，苏格拉底不是求助于暴力或积极的干涉，而是利用逻辑论证作为批评的工具。

这里的困难是，宽容精神使得苏格拉底面临危险，暴露在不宽

---

① Nehamas, Alexander, *The Art of Living*, Berkeley, CA: University of California Press, 1998, p. 97.

② Davies, J. K., *Democracy and Classical Greece*, Stanford, CA: Stanford University Press, 1978, Chapter 9.

容的政治权力面前。苏格拉底宽容了雅典人的裁决，这一点可以通过《克里托篇》中的一句话得到部分解释："真正重要的事情不是活着，而是活得好。"这引出下面一层含义：出于对更高的善的关心，我们应该宽容对我们生活的威胁。苏格拉底主张更高的善要求他宽容城邦的决定。"如果你不能说服城邦，那么你必须做它命令做的任何事情，耐心地服从它施加的任何惩罚。"安静承受的观念十分接近于宽容观念。这里的选择是宽容或者说服，从而排除了其他选择（例如逃跑）或更极端的选择（即使用暴力）的合法性。劝说或宽容这两种选择在哲学精神中共同起作用：哲学家宽容他人，寻求说服他们；但是，他们并不利用其他手段来产生变化。在政治情境下，我们看到了宽容美德的脆弱性和局限性。苏格拉底宽容了裁断，因为他不能说服城邦采取别的方式，也不愿意采用其他手段来影响结果。

　　苏格拉底的宽容在政治上似乎是幼稚的。至少有一点很明显，这种宽容最适合个人之间的私人交往。例如，我们看到苏格拉底在与尤西弗罗（Euthyrphro）的私人对话中实施宽容。与尤西弗罗的对话以苏格拉底请求尤西弗罗重新开始定义虔敬作结。然而，尤西弗罗打断对话，声称自己急着去别的地方。苏格拉底宽容地允许他走。打断对话的主题在苏格拉底对话中经常出现，最著名的例子是苏格拉底与色拉叙马霍斯（Thrasymachus）在《国家篇》中的不和。这通常表明对话者已经到了他宽容苏格拉底诘问的限度。在一定意义上，离开对话空间的对话者已经表明他可能求助于物质武器，而这些东西在对话中没有一席之地。然而，有趣的是，苏格拉底宽容地允许对手中断。他没有强迫他们改变心意，或者穷追不舍，一直缠着他们使之服从。他没有继续纠缠他们，没有强迫他们去比他们愿意去的地方更远的地方。苏格拉底宽容了尤西弗罗对虔敬传统的不尊重，因为苏格拉底没有阻止尤西弗罗继续坚持的理由。希望是苏格拉底已经种下了怀疑的种子，这种怀疑将导向自知。

然而，这个希望是脆弱的，也许是没有基础的。因此，苏格拉底的宽容总是冒险的：允许他的对手离开哲学共同体。在允许对手离开哲学共同体的时候，他冒着让他们从外面破坏哲学共同体的危险。《申辩篇》向我们展示了政治现实如何以非常真实的方式最终侵入和破坏了哲学空间：雅典议会的表决证实政治共同体所能使用的暴力手段。

此外，宽容精神就体现在苏格拉底作为追求"真理"之手段的对话方法之中。[1] 在柏拉图的早期对话中，苏格拉底宽容地让对话者追求真理，无论这种追求将引向哪里。他鼓励对话者提出反驳，以至于可以揭示真理。有时候苏格拉底的宽容似乎走得太远。例如，《尤西弗罗篇》中苏格拉底允许尤西弗罗继续起诉可疑的法院案件。在《会饮篇》中，苏格拉底与亚西比德（Alcibiades）的关系表明，苏格拉底对这个鲁莽的希腊年轻人可能太宽容。在《高尔吉亚篇》中，苏格拉底以在哲学方法与宽容形式之间建立关联的方式描述自己。苏格拉底说："我是什么样的人？如果我说得不对，我很乐意有人驳倒我；如果别人说得不对，我很乐意驳倒别人。如果自己被驳倒与驳倒别人相比较，我当然不会不高兴。因为，我认为自己被驳倒更有益处，使自己从最大的恶中被解救出来的益处要大于解救他人的益处。"[2]

---

① B. Stetson & J. G. Conti, *The Truth about Tolerance*: *Pluralism*, *Diversity and the Cultural Wars*, Intervarsity Press, 2005, pp. 26 – 28.

② 此处翻译笔者参考并结合了 1864 年 "London: Bell and Daldy" 译本与牛津大学出版社译本。

　　有些人指出，苏格拉底的谦逊是做作的，他的无知是一种掩饰，其实他完全了解他将把对话引向何处。这一指控有一定的道理，在第一个问题之前，他知道他想把对话伙伴引到什么结论。然而，这一点没什么阴险的，它的教学价值是显而易见的。问答的辩证对话方法含蓄地确认了对真正的宽容而言重要的价值。例如，它确认了在共同体中寻求真理、耐心和自我批评在真理寻求中的重要性以及了解真和善的可能性。

　　有人对苏格拉底提出了更大的谴责：圣人假装无知，却知道真理。① 提出这种谴责最有名的人是年轻时的克尔凯郭尔。克尔凯郭尔（S. A. Kierkegaard）坚称，苏格拉底的方法是反讽的：不是想最终展示真理，而是试图通过展示专家观点的不一致和肤浅来表明不可能存在确定性。② 换句话说，克尔凯郭尔认为苏格拉底的学说是虚无主义的和不可知的。通过严厉批评专家的论据，苏格拉底试图表明寻求确定的知识是无效的。以这种方式解读苏格拉底的人经常指出他听到德尔斐的神谕。神谕宣称无人比苏格拉底更有智慧。苏格拉底认为它的含义是模糊的，最终把它理解成是指他的智慧在于对自己无知的坦然承认。其他人是无知的，但是没有意识到他们缺乏知识。然而，苏格拉底意识到他不知道的东西。激进怀疑主义的倡导者指出，苏格拉底生命中的这个时刻是怀疑主义的真理的证据。当然，这也经常被认为是以下智慧的证据：除了人类无知这一真理，不要确认任何真理。

① Jacques Maritain, *Moral Philosophy: An Historical and Critical Survey of the Great Systems*, New York: Charles Scribner's, 1964, chapter 1.

② Soren Kierkegaard, *The Concept of Irony, With Continual Reference to Socrates*, trans. by Howard V. Hong and Edna H. Hong, Princeton, N. J.: Princeton University Press, 1992.

但是，这完全不是这么一回事，它暗示的是一种适当的理智谦逊和拒绝傲慢的精神。清除错误和错觉，我们必须承认我们不知道的东西，以至于可以毫不受阻地接近真理。这就是苏格拉底的方法：他并不对了解真理绝望，但在接近真理时对传统智慧抱着适当的批判和怀疑的态度，从而保证真理被证实的时候是真正的真理，并经过检查与再检查的火的考验。把德尔斐的神谕放在苏格拉底全部哲学视野的背景中，我们可以知道他最初的无知表白不是第一步和最后一步，而是理解之路的开端。

2 亚里士多德：中道和友爱

亚里士多德（Aristotle，公元前 384 ~ 前 322）生于希腊北部的斯塔吉拉小镇。他的父亲尼各马可是医生，是马其顿王阿敏塔斯的朋友和御医。他的母亲菲斯蒂的家族很富有。公元前 367 年，他来到雅典，成为柏拉图学园的一员。随后的 20 年他都待在雅典，始终与学园联系在一起。公元前 343 年，马其顿国王腓力二世邀请亚里士多德做他的儿子亚历山大的老师。公元前 335 年，在亚历山大出征波斯前夕，亚里士多德回到雅典，并创办了"吕克昂（Lyceum）"学校。在亚历山大死后，反马其顿情绪高涨。亚里士多德与马其顿人有亲密的和公开的联系。在德尔斐，雅典人剥夺了给予亚里士多德的尊敬并且将载明这个荣誉的铭文碑沉入井底。正是在这种氛围中，公元前 322 年，亚里士多德离开雅典回到优波厄亚岛的哈尔基斯，并在这里去世。

在古希腊，没有一个哲学家明确主张宽容是一种政治原则。相反，一方面，他们对其他哲学家持真正开放的态度；另一方面，他们否认这种开放性是建立政体的合理基础。这些思想家各自证明自己的观点，从未迫害不同观点的人，争论社会应该采纳何种具体观点，而不是一个好的国家应该宽容所有观点。他们实施宽容，却否认它的理论证明。① 例如，柏拉图从未提倡宽容是一个政治原则，尽管他作品中某些方面似乎意味着宽容。例如，苏格拉底的名言——未经检省的生活不值得过——似乎暗示，每个人应该自由地以自己认为合适的方式检省自身，不受他人的干涉。此外，柏拉图拒绝言论自由的观念。在《国家篇》中，他建议国家严格控制作家、艺术家和音乐家，嘲笑民主难以驾驭。② 但是，有人主张，柏拉图与亚里士多德在民主制提供的自由中生活最幸福，因为只有在这种政体中哲学才能繁荣（而没有统治的负担）。③ 值得注意的是，这不是柏拉图建议的政体。最接近柏拉图支持的自由的制度化表达是柏拉图《法律篇》中的夜间委员会，其中鼓励被选出的公民在许多问题上表明自己的想法，并进行辩论，国家对这些问题有官方的和立法的答案。然而，夜间委员会只在晚上秘密集会，而且它的存在是一个国家机密，其他公民不知道。这种有限的、秘密的自由不是宽容的论据，它意味着不可能公开地宽容公民的不同观点。柏拉图没有简单地支持宽容，因为使好人健康、幸福的自由也会使坏人变得更坏。正义需要的不是自由，而是高贵的谎言。④

亚里士多德也没有明确赞成宽容是一种美德，甚至没有列举它。⑤

① Levine, Alan, ed., *Early Modern Skepticism and the Origins of Toleration*, Lanham, Maryland: Lexington Books, 1999, p. 7.
② Plato, *Republic*, 376c – 417b and 555b – 563e.
③ Plato, *Republic*, 557c – 558a.
④ Levine, Alan, ed., *Early Modern Skepticism and the Origins of Toleration*, Lanham, Maryland: Lexington Books, 1999, p. 7.
⑤ Levine, Alan, ed., *Early Modern Skepticism and the Origins of Toleration*, Lanham, Maryland: Lexington Books, 1999, p. 7.

他的思想中嵌着某些不宽容的细节，例如他不愿承认妇女全部的人性，他支持奴隶制具有自然基础上的论据。然而，亚里士多德的思想对宽容的发展做出了间接却重要的贡献，例如他对本质原则的阐明、其思想中潜在的超文化主义学说、自然法、人是"社会动物"，理想的政府关注共同善、美德是习惯而不是简单的知识。① 他的宽容证明基于以下两点：应用于政治生活的中道学说，政治友爱观念。②

（1）应用于政治生活的中道学说

在《政治学》第一卷中，亚里士多德确立了更高贵的对于较低级的统治，宣称"灵魂是以专制的统治来统治肉体，而理智对欲望的统治则是依法或君主统治"。③ 实现正义和德性的公民功能与城邦的灵魂对应，提供财富和物质必需品的公民功能与城邦的身体对应。按照专制的等级统治原则，亚里士多德建议最好的国家把追求城邦身体利益的人（例如农民、商人和工匠等）排除在公民之外。但是，亚里士多德实际的政治途径建议政体应该为大多数人而设。"对于大多数的城邦而言什么是最优良的政体，以及对于大多数人而言什么是最优良的生活。当然我们既不能着眼于超出芸芸众生的德性，也不能着眼于以优越的自然禀赋为先决条件的教育，或者着眼于令人称心如意的完美政体，我们考虑的范围仅限于大多数人都有可能享

---

① B. Stetson and J. G. Conti, *The Truth about Tolerance: Pluralism, Diversity and the Cultural Wars*, Intervarsity Press, 2005, pp. 28 – 35.

② Barker, Evelyn M., "Socratic Intolerance and Aristotelian Toleration", in Mehdi Amin Razavi and David Ambuel, *Philosophy, Religion, and the Question of Intolerance*, Albany: State University of New York Press, 1997, pp. 251 – 255.

③ 〔古希腊〕亚里士多德：《政治学》，颜一、秦典华译，引自苗力田主编《亚里士多德全集》（第九卷），中国人民大学出版社，2009，第 11 页。

受到的生活和大多数城邦都有可能实现的政体。"①

在《政治学》中，亚里士多德分析了寡头政体和平民政体，这是两种有缺陷的政体，其中国家身体部分的利益和数值上的多数占主导地位。亚里士多德对这些有缺陷的政体如何运作的建议是：政治体制"应使人们甘愿并能够接受，而且要易于实施"。② 亚里士多德批评了《国家篇》中苏格拉底推论的一个前提：城邦愈一致便愈好。③ 城邦不仅是由多个人组合而成，而且是由不同种类的人组合而成。种类相同不可能产生出城邦。他主张，伦理信念上的一致对于共同体的和谐与稳定不是必需的。在判断令人满意甚至偏离的平民政体和寡头政体时，他表示不应忽视中道。"那些自认为德性仅为他们所奉行的那一种的人往往会走向极端，他们浑然不知其所作所为对一个政体的影响。"④ 因为钩鼻或塌鼻，一只鼻子偏离了完美，但是它仍然是一个优秀的鼻子，也仍然看上去是一个鼻子；但是，如果把过程推到极端，首先它会失去属于鼻子的比例，最后因为钩鼻或塌鼻被推到极端而不再成其为鼻子。"寡头政体或平民政体，尽管离最优秀的政体相去甚远，但也不失为充分可行的政体；但如果把两者各自的主张推向极端，首先会使政体劣化，最终自然会不复成其为一个政体。"⑤

---

① 〔古希腊〕亚里士多德：《政治学》，颜一、秦典华译，引自苗立田主编《亚里士多德全集》（第九卷），中国人民大学出版社，2009，第 140 页。
② 〔古希腊〕亚里士多德：《政治学》，颜一、秦典华译，引自苗立田主编《亚里士多德全集》（第九卷），中国人民大学出版社，2009，第 119 页。
③ 〔古希腊〕亚里士多德：《政治学》，颜一、秦典华译，引自苗立田主编《亚里士多德全集》（第九卷），中国人民大学出版社，2009，第 32 页。
④ 〔古希腊〕亚里士多德：《政治学》，颜一、秦典华译，引自苗立田主编《亚里士多德全集》（第九卷），中国人民大学出版社，2009，第 188 页。
⑤ 〔古希腊〕亚里士多德：《政治学》，颜一、秦典华译，引自苗立田主编《亚里士多德全集》（第九卷），中国人民大学出版社，2009，第 188 页。

（2）政治友爱观念

政治友爱观念即团结观念。"当城邦的公民们对他们的共同利益有共同认识，并选择同样的行为以实现其共同的意见时，我们便称之为团结。所以，团结是就团结起来要做的事情，尤其是那些关系到双方乃至所有人的目的的大事情，而说的。"①

为了实现这种团结，争论应该聚焦于采取的手段，并努力就所有人都满意的某个后果而不是最终原则达成一致。因此，人们寻求不同个人都可以接受的不输不赢政策，而不是原则或政治派别的胜利。亚里士多德称这种团结为"政治友爱"。政治友爱使得宽容成为每个共同体的一个价值。它并不要求公民在道德或政治意识上一致，只要求他们愿意就以下一点达成共识，即为了建立共同承认的善而采取的特定行动。目的是为了获得所有人都认为好的后果，而避免一般被认为坏的结果。他强调友爱在更大的共同体中达成稳定与和谐的价值。他指出，在友爱使公民承认彼此的善的地方，正义不是主要的和不可缺少的。

从亚里士多德的"政治友爱"出发，一个人可能发展出宽容"没有原则的"哲学基础。对与我们亲密的人的爱使我们宽容他们，因为我们以他们的个人性为傲，即使当我们并不分享他们的价值，或赞成他们的生活方式。我们也宽容与我们一起参加工作事业、娱乐、宗教或博爱事业的人，因为我们重视目标和与他们一起共享的活动。再进一步，我们宽容与我们共享公民身份的人的观点，在这个共同体中，共同善影响每个公民的善，每个人的善都会包含共同善。

---

① 〔古希腊〕亚里士多德：《尼各马可伦理学》，廖申白译注，商务印书馆，2003，第271页。

亚里士多德要求公民只是在涉及每个人的问题上达成共识，所以他的政治友爱概念提供了一个私人领域，其中公民可以体验他们的差异。就其不强求公民之间的一致而言，亚里士多德的政治友爱概念类似于现代的宽容概念。

3　斯多葛派论宽容

在伦理学说中，斯多葛派认为美德是生命中最高的善。他们认为，美德等同于幸福，不受命运变化的影响。在斯多葛派中，"始终与自然保持一致生活"是一个熟悉的行为准则。只有通过把激情、不正当的想法和嗜好抛在一边，并以正确的倾向履行义务，人们才能达到真正的自由和对自身生活的主宰。按照自然理性和美德生活，斯多葛派致力于实现宁静。我们会看到，宽容是追求宁静的一部分，是一种避免冲突的方式。

在西方哲学中，"好生活"的观念与最好的生活方式有关，即产生最多幸福的生活方式。斯多葛派利用和发展了苏格拉底的好生活观念。苏格拉底认为，最好的生活方式集中于自我发展，而不是追求物质财富。他经常邀请他人更多地集中在友谊和真正的社群感上，因为他认为这是人们一起成长的最好方式。斯多葛派的好生活观念是宁静：通过无动于衷或心灵平静从而免受痛苦。在这里，心灵的宁静是在古代的意义上理解的——客观或有"明确的判断"，面对生命的高潮与低谷保持镇静。今天，"斯多葛主义的"一词逐渐意味着对痛苦缺乏感情或漠不关心，因为斯多葛主义的伦理学教导人们通过听从理性获得免于激情的自由。但是，这是斯多葛主义的夸张描述。斯多葛派并不追求消除情感，而是寻求通过一种能够使人发展明确判断和内心宁静的坚定的"禁欲训练（askēsis）"来改造它们。

逻辑、沉思和专心属于这种自律的方法。斯多葛主义要求我们发展适当的情感（eupathia）或恰如其分的情感（metriopathia）。为了实现宁静，我们需要实现自制。显然，完全缺乏激情不是斯多葛主义的结论，他们的目标是在理性的指导下适当地克制激情。

与好生活是宁静的生活这一观念相关，斯多葛派意识到世界的自然多样性。人在经验上是不同的，对美德的追求会产生各种各样的人类生活。因此，每个人应该集中在自己的义务和品格上，"不去想试验另一个人的义务和性格如何适合他"。然而，这种多样性由内在于所有人的统一理性法则所统一。这种普遍性与差异性之间的张力是宽容的空间：斯多葛派宽容差异，只要这些差异没有侵犯自然的理性法则。个人将受到尊重，只要个人是自然的理性共同体的成员，在这一法则面前人人平等。因此，对于斯多葛派而言，宽容是在多样性的世界中对宁静和自制这一普遍追求的一部分。

（1）爱比克泰德

爱比克泰德（Epictetus, 55～135）生于罗马行省福吕吉亚的希罗波利斯（Hieropolis in Phrygia, 今土耳其境内）。他幼年来到罗马，做过爱帕夫罗迪德（Epaphroditus）的奴隶，后者曾是尼禄皇帝的奴隶，后被释为自由人，成为尼禄皇帝的秘书。爱比克泰德成为自由人之后，创办了哲学学校，成了专职哲学家。公元89年，罗马皇帝图密善将哲学家驱出罗马，爱比克泰德也在其中。来到希腊的尼科波利斯后，爱比克泰德继续哲学教育事业，并一直生活在此，直至去世。

爱比克泰德全部学说的中心命题是：什么是我们权能之内的事情，什么不是我们权能之内的事情。其中，属于我们权能之内的事情包括看法、行为驱动、想要得到东西的意愿、想要回避东西的意愿等所有由我们自己做出来的事情，不属于我们权能之内的事情包括肉体、财产、名誉、职位等所有不是由我们做出来的事情。他主张我们不应该痴迷于不属于我们权能之内的东西，建议我们忽视外部生活的变迁，准备遭受不可避免的会折磨我们的痛苦。"学习哲学的意思不就是准备好迎接可能发生的事情吗？""每当遇到痛苦和磨难的时候，……我们应该说，'我就是为了这个才锻炼自己，我就是为了这个才考验自己的'。""我们必须时刻准备好这两条原则：一、意愿之外的一切东西都无所谓善恶；二、我们不应该引导着事情的发展，而是应该跟着事情的发展。"① 在这个意义上，爱比克泰德的方法是"退到内在的城堡"，与强的社会生活或政治自由观念恰恰相反。许多段落有助于说明爱比克泰德的观点。他说："你要记住，真正侮辱你的不是辱骂了你、打了你的那个人，而是你认为他侮辱了你这个认识和看法。所以，假如有人激怒了你，你要意识到这么一点，那就是，是你自己的认识和看法激怒了你。"② 这种观念与宽泛理解的忍耐观念相连。进一步说，爱比克泰德要求我们认识他人的观点。"如果有人对你做了坏事，或者说了你的坏话，那么，你要记住，他之所以这么做或者这么说，是因为他认为他就应该这么做。所以，他不可能去做你认为对你自己有好处的事情，他只会做他认为对他自己有好处的事情。……从这一点原则出发，你就要温和地对待那个辱骂了你的人，因为，每当这个时候，你都要对自己说，'他认为是这个样子的'。"我们不清楚这是奴性的服从还是宽容，尽管"温和"这一观点似乎隐含着被虐待的一方有一定的反应能力。

除了以上模棱两可的段落，爱比克泰德确实为我们提供了一些

---

① 〔古罗马〕爱比克泰德：《爱比克泰德论说集》，王文华译，商务印书馆，2009，第351～355 页。

② 〔古罗马〕爱比克泰德：《爱比克泰德论说集》，王文华译，商务印书馆，2009，第589 页。

宽容的例子。总体上，他的观念是我们应该克制判断他人："有人洗澡洗得很快；但是，你不要说他洗澡洗得很不好，你应该说，他洗澡洗得很快。有人喝酒喝得很多，但是，你不要说他喝酒的样子很不好，你应该说，他喝酒喝得很多。因为，假如你根本不知道他〔采取这样的行动是出于什么样〕的认识和看法，你怎么能够知道〔他这样做做得〕很不好呢？"① 这个主张支持某种像是基于谦逊的宽容的论据。在此，爱比克泰德请求我们，出于对判断能力的谦逊，克制突然做出关于他人活动的结论的倾向。在《论说集》中，爱比克泰德在希腊术语"aidos"下讨论了谦逊，除了谦逊以外，"aidos"这个术语可以意指羞耻感、自尊和对他人的关心。谦逊与其他美德（例如自尊、忠诚和自由）一起出现。基本观念是，为了成为有美德的人，一个人必须谦虚地评价自己的处境和能力。

爱比克泰德对宽容的克制观念的支持来自对人的多样性的承认。他认识到，世界由各种各样的人组成，每个人都有自己的兴趣和天赋："不同的人天生就适合干不同的事情。"② 尽管他关心的无疑是统一美德的观念，但是他认识到人在社会地位、智力和美德上的差异。在以下段落里，我们找到一种类似于顺从的听任。"对于不同的人来说，理性和非理性，就像善和恶、有利和不利一样也是有很大不同的……对有的人来说，给别人端夜壶就是非常合乎理性的……对另外一些人来说，不仅他自己为别人端夜壶他受不了，而且让别人端夜壶他也受不了。"从这个段落，爱比克泰德好像试图调和处于社会阶梯底层的自己和他人与压迫的不可避免性，这不是宽容而是

① 〔古罗马〕爱比克泰德：《爱比克泰德论说集》，王文华译，商务印书馆，2009，第607页。
② 〔古罗马〕爱比克泰德：《爱比克泰德论说集》，王文华译，商务印书馆，2009，第596页。

顺从。

从更积极的角度看，爱比克泰德认为多样性是我们在发展自由和自制时必须承认的外部事实之一。这个观点不是说多样性是好的，而是说，如果要在这个世界上生活，我们必须承认这种多样性。如果要避免在与他人的交往中受挫，我们必须承认差异。例如，当爱比克泰德建议克己的自律作为一种美德，他鼓励我们避免谴责不那么自律或不承诺一种美德生活的人。对于性纯洁，他说："在结婚前，你要尽可能地保持纯洁；如果你想放纵自己的话，你要做得合法。但是，你也不要因此对那些纵欲的人百般挑剔、百般指责，你也不要经常自诩自己从来不放纵自己。"[1] 因此，自由的发展要求我们集中在能力范围内的事情，不要为关注我们不能控制的事情所牵制。我们不能控制他人，因此我们必须克制他人的行为导致的干扰、挫败和失望。相反，我们必须学会对不能控制的事情漠不关心："使人心烦意乱、无法安静的不是事情本身而是我们对这些事情的认识和看法。"[2] 为了过得好，我们必须学会如何正确地判断，避免被我们直接的情感反应拖来拖去。这是宽容的开始：我们必须学会谦虚地评价判断他人的能力，因而克制否定不赞成的行为和信仰的倾向。

最后，爱比克泰德将这种忍耐和克制的观念与体现在苏格拉底身上的哲学实践联系起来。在《论说集》"反对那些爱好争吵、秉性残忍的人"这部分，他表扬苏格拉底对色拉叙马霍斯、波路斯和卡利克勒斯（Callicles）的容忍、对妻子的耐心以及对吹毛求疵的儿子的宽容。苏格拉底的宽容基于以下原则："任何人都无法控制别人

---

① 〔古罗马〕爱比克泰德：《爱比克泰德论说集》，王文华译，商务印书馆，2009，第601页。
② 〔古罗马〕爱比克泰德：《爱比克泰德论说集》，王文华译，商务印书馆，2009，第581页。

的主导要素"，即意愿。① 苏格拉底的例子很有趣，它向我们指出，无论如何哲学家应该保持一种对对话者的宽容态度。因此，为了认识到最终我们对他人的观点无能为力，爱比克泰德要求我们彼此辩论，同时谦逊地评价辩论的能力。

（2）奥勒留

爱比克泰德的宽容论据为以下事实所困扰，即他的自制论据常常看上去像退回内心的城堡。爱比克泰德没有否定的能力，因此通过学会忍受烦恼、虐待和苦难来调和自己与世界。当我们转到马可·奥勒留（Marcus Aurelius，121～180，又译马尔库斯·奥勒利乌斯）的宽容主张，这样的问题没有出现。奥勒留从公元161年始直到180年去世时都是罗马皇帝，他是"五个好皇帝"中的最后一个，也被认为是斯多葛派最重要的哲学家。

马可·奥勒留确实拥有反对的能力，但是他建议自己克制地使用它。像爱比克泰德那样，马可·奥勒留意识到对我们判断他人能力的某些限制，也意识到自由要求对情感的自我控制。他进一步将宽容与批判对话的目标结合起来。马可·奥勒留假设人是理性的和社会的，因此，我们必须尽最大努力帮助他人走向成为理性的这种善。我们关心同伴福祉的主要方式是通过哲学讨论、劝诫和劝说。实际上，一个人不应该强迫理性存在者违背他或她的意愿。然而，如果以正义的名义干涉是必要的，那么我们必须干涉："试着用劝说感动人；然而，如果正义原则要求违背他们的意愿的话，那么就这样做。"② 也就是说，宽容只是正义的一部分。干涉有时候是必要的，

---

① 〔古罗马〕爱比克泰德：《爱比克泰德论说集》，王文华译，商务印书馆，2009，第513页。

② Marcus Aurelius, *Meditations*, trans. by Maxwell Staniforth, Baltimore: Penguin, 1969, p. 103.

尽管我们在马可·奥勒留身上看到以下希望，这也是苏格拉底的希望，如果人们在哲学和美德研究中受到更好的教育，干涉不是必要的。

马可·奥勒留确实表达对这种干涉的不愿意。他伤害他人的不愿意和帮助他人的意愿回应了塞涅卡（Seneca）。在《仁慈》（*Clemency*）中对尼禄的建议："慷慨适合每个人，甚至低等人中最低等的人；什么能比把厄运打败更伟大？"[①] 这样的建议在斯多葛主义世界公民身份的理解中很有意义。从斯多葛主义的观点看，即使国王也只是整体的一部分，他与"理性的兄弟"一起共享美德的能力。因为国王比多数人拥有更多的权力，所以他对受他统治的可错的人拥有更多的保持慷慨和宽容的义务。塞涅卡总结道："对于国王而言，甚至抬高的声音和不节制的语言都是对庄严的贬低。"[②]

因此，马可·奥勒留的宽容主张包含一种政治含义。不幸的是，这个宽容的哲学王自己也陷入对基督教不宽容的迫害之中，这向我们表明需要对国家权力进行制度上和程序上的限制。为了理解这一点，我们必须意识到马可·奥勒留的哲学目标——斯多葛主义的圣人生活——与政治生活的要求相矛盾，他的不幸部分是源于这些对立的道德和政治理想相互冲突的要求。当然，这并没有充分解释马可·奥勒留所许可的压迫，但是让我们意识到一个事实，即作为国王（或作为柏拉图的哲学王），他的义务是维持帝国内部的秩序。在这个情境中，一些异议者和叛乱分子遭到压迫，这没有什么异常的。

[①] Seneca, "On Clemency", in *The Stoic Philosophy of Seneca*, Moses Hadas, ed. and trans., New York: Doubleday Anchor, 1958, p. 143.

[②] Seneca, "On Clemency", in *The Stoic Philosophy of Seneca*, Moses Hadas, ed. and trans., New York: Doubleday Anchor, 1958, p. 145.

在这个意义上说，将现代西方与自由言论和异议相连的政治宽容观念应用到古代罗马帝国的政治实践中是时空错乱的。

作为一种道德理想，宽容要求对我们宽容的人既审慎地克制又合理地批评。追随苏格拉底，斯多葛派主张恶是一种源于无知的不幸。部分通过避免愤怒和愤慨的表达，我们必须利用理性来打败无知。"不允许人们追求他们自己觉得是适宜和有益的东西，这实在是太野蛮了。然而每当你由于人们做错事而气愤时，你也会不准许他们那样做。事实上，他们完全是认为那些事情相宜，并且对他们有益才去做的。'然而那不是这样的'。那么，你就教导他们，进行解释，而不要愤怒。"① 对于"理性的兄弟"的错误做法，我们欠一个解释，而不是愤怒，以至于他们可以变得更好。正义要求哲学的教导，而不是愤怒或报复。

因此，马可·奥勒留的宽容讨论基于四种看待我们与不赞成的人的对抗的方式。② 第一，我们都可能是错误的，在这种情形下我不应该谴责他人；第二，我与对手共享许多观念，在这种情形下我应该尊重我们共同的观念和共同的理性本性；第三，我可能已经看到与不可避免地不赞成我的人寻求不断论证是无效的，在这种情形下我应该无动于衷；第四，在某些例子中好与坏的概念根本不适用。这些不同的视角使得宽容他人变得更加容易。"每当有人在什么事情上错怪了你，你要立刻想到，他做这种错怪可能是由于他自有某种善恶观念要知道，当你知道了他所持的善恶观念时，你就会同情他，既不会责怪他，也不会对他生气。因为实际上你所持的善恶观念可

---

① 〔古罗马〕马尔库斯·奥勒利乌斯：《沉思录》，王焕生译，天津社会科学院出版社，2010，第 62 页。

② Andrew G. Fiala, *Tolerance and the Ethical Life*, New York: Continuum, 2005, p. 70.

能与他的相同或相近似。既然这样，你就应该谅解他。如果你所持的善恶观念不是那样，那你更要善待做错事的人。"①

我们的道德判断是有限的、可错的。在分歧下面，人类共享很多东西，特别是理性和对善的欲求。从更大的视角看，我们琐碎的争吵并不重要。我们关于好坏的观点只是我们对事物的判断，并不必然在事物本身。"如果事情是由你决定的，那你为什么要做这件事？如果是由其他什么人决定的，那你怪罪谁呢？怪罪原子或神明们？两种情况都是疯狂的。不应该怪罪任何人。因为如果可能，那就进行纠正；如果不可能，那就纠正事情本身；如果这样也不可能，那你怪罪又有什么用呢？不应该贸然从事。"② 在这里，奥勒留试图跨越正义要求和社会冲突实在论之间的障碍。我们应该尽最大努力实施善，但应该对成功的潜能现实一点。我们首先得尊重他人做出我们可能不赞成的道德判断的理性能力："如果你能够，你就去纠正；如果不能够，那就记住，你是怀着善意对待这件事情的。"③

尽管奥勒留主张许多道德判断是误导的，但是他没有通过激进的相对主义或怀疑主义来捍卫宽容，注意到这一点是重要的。相反，他主张人类美德是在社会生活的追求中使用理性。因此，我们有批评同伴的义务，同时允许他们与我们有分歧，并意识到我们有限的劝说能力。他不是道德怀疑论者，尽管他确实谦逊地意识到人的可错性："若是有人犯错误，你应该好心地教导他，指出他错在哪里；

① 〔古罗马〕马尔库斯·奥勒利乌斯：《沉思录》，王焕生译，天津社会科学院出版社，2010，第 77～78 页。
② 〔古罗马〕马尔库斯·奥勒利乌斯：《沉思录》，王焕生译，天津社会科学院出版社，2010，第 92 页。
③ 〔古罗马〕马尔库斯·奥勒利乌斯：《沉思录》，王焕生译，天津社会科学院出版社，2010，第 107 页。

如果你做不到这一点，那就应该责怪你自己，或者甚至连你自己也不要责怪。"① 因为我的美德是自己的，因此我不必指责他人的错误做法。如果我对他人变得愤慨，我必须意识到这是自己的错误而不是他人的错误："在绝大多数情况下，当你指责一个人不守信义或忘恩负义时，你要转过来责怪你自己。因为很明显，这是你的错，不管是你原以为此人具有会守信义的素质，或者不管你在施惠时并未完全地施予，以至于觉得未能从你的行为直接获得全部的果实。"② 美德要求我尽最大努力帮助他人；理性要求我意识到他人的自主和自己的有限。因此，在没有僭越正义的限度的情形中，宽容是最好的反应；宽容是一种美德，它既有助于正义，也有助于宁静。

（3）斯多葛派的宽容观

从以上对爱比克泰德和奥勒留宽容思想的分析，我们可以得出斯多葛派的宽容叙述来自两个方面③：第一，斯多葛派谦逊地承认我们难免错误的想象的局限。对自我判断他人的能力的适度评价可以为宽容他人提供基础，而不成为道德怀疑主义：谦逊并不要求我们不去判断他人，只是要求承认我们的限度，克制将否定判断中隐含的所有否定后果坚持到底。谦逊和宽容是在追求自我知识中度过的哲学生活的一部分。第二，对于斯多葛派而言，哲学的任务是帮助我们正确地区分能力范围内的事情和能力范围外的事情。"只有同意、行为驱动、对表象的运用和想要得到东西的愿望才是自己权能

---

① 〔古罗马〕马尔库斯·奥勒利乌斯：《沉思录》，王焕生译，天津社会科学院出版社，2010，第117页。

② 〔古罗马〕马尔库斯·奥勒利乌斯：《沉思录》，王焕生译，天津社会科学院出版社，2010，第114页。

③ Andrew G. Fiala, *Tolerance and the Ethical Life*, New York: Continuum, 2005, pp. 61 – 62.

之内的东西，或者说是属于自己的东西，一切心外之物，包括自己
的肉体、妻子、兄弟、朋友、财产、名誉、地位等都不是自己权能
之内的东西，都处于别人掌控之中，都是别人的东西。按照他（即
爱比克泰德）的教导，只要我们能够紧紧把握住这些权能之内的东
西，而放弃对所有不属于我们权能之内的东西的欲求，或者说仅仅
关心真正意义上的自己，对于所有其他东西采取漠视（adiaphora，
或译为"无所谓"）的态度，我们就能获得自由。"① 当我们意识到
他人的活动不在我们的能力范围内，宽容就产生了。因此，宽容来
自对我们判断他人能力的适度评价和对不可控制的外部事件培育出
的冷漠。"那么还有什么使你留在这里呢？如果可感知的事物是变化
不定和不能常在的，我们的感官是朦胧而不可能准确地反映事物的，
可怜的灵魂本身是血液的挥发，世间的名望荣誉是空虚的，那么该
怎么办呢？那就和悦地等待吧，不管那是熄灭还是迁居。不过在那
一时刻到来之前，还有什么能使我们感到满足呢？那就是除了虔敬
地赞美神明、善待他人、'容忍'他们和'约束'自己外，再无其
他。至于你的肉体和灵气之外的一切，请记住，那都不是你的，也
不在你的能力支配范围之内。"② 这种态度对于道德生活是重要的，
因为它有助于我们获得自我主宰，通过允许我们远离有害的情感，
例如愤怒和怨恨，同时培育仁慈和宽宏大量。

　　斯多葛派的宽容是一种自制的形式，③ 从适当控制我们对他人否

① 王文华：《逻各斯与自由——爱比克泰德人性论思想探源》，北京大学出版社，2011，
第 54 页。
② 〔古罗马〕马尔库斯·奥勒利乌斯：《沉思录》，王焕生译，天津社会科学院出版社，
2010，第 53 页。
③ Andrew G. Fiala, *Tolerance and the Ethical Life*, New York：Continuum, 2005, p. 72.

定的情感反应发展而来。例如，塞涅卡的《论愤怒》就是建立在破坏性的愤怒情感与来自正义的适当关注和道德愤慨之间的适当关系上。这种斯多葛派的反应似乎会培育一种不人道的和非人的无动于衷的冷漠。但是，如果更正确地来理解，斯多葛主义要求我们发展适当的情感（eupathia）或恰如其分的情感（metriopathia）。完全缺乏激情不是斯多葛主义的结论。如贝克（L. C. Becker）主张："没有一个斯多葛主义者曾经主张圣人的生活应该没有感情、情感和激情。"① 斯多葛派的目标是在理性的指导下正确地克制激情。面对差异和分歧时，斯多葛派适当的情感观念提供了一条有用的宽容途径，因为它允许我们认为宽容是一种自制的习惯。

斯多葛主义的宽容是个人自身追求美德的一部分。我对道德自主或善的追求要求我考虑其他替代的观点，最后我可能不赞成这些替代的观点，然而我必须考虑它们。如爱比克泰德建议："正是因为这个原因，哲学家们建议人们离开自己的故乡，因为古老的习惯会转移他们的视线，不允许他们开始一种新的习惯。"② 如果我想我的决定尽可能合理，我应该按照尽可能多的证据来做决定。道德决策中的论据必定包含替代的道德选择及其导向的生活。

然而，如果单独看这种冲动，这里可能会出现一个问题。它似乎主张，我应该宽容不道德的行为，以至于我可以更好地理解为什么它是不道德的，以及为什么我不应该选择它。因此，我的自主追求可能以不道德行为的受害者为代价（毕竟我从他们的错误和痛苦中学到了有价值的教训）。为了解决这个问题，我们必须认识到，宽

---

① Becker, Lawrence C., *A New Stoicism*, Princeton, NJ: Princeton University Press, 1998, pp. 128.

② 〔古罗马〕爱比克泰德:《爱比克泰德论说集》，王文华译，商务印书馆，2009，第 374 页。

容的义务不能孤立地来看。它只适用于我可能错误的观点。此外，它只适用于不侵犯他人追求善的问题。实际上，成为自主的道德自我意味着学会关心他人的自主和善。在这个意义上，我们必须避免漠不关心的放任自由的宽容"给他们足够多绞死自己的绳子"的问题。我的道德自主依赖于他人的自主，因为我依赖他人与我做出论证，勉励我，劝诫我，试图说服我成为自主的，并追求善。我的美德依赖于这些人的美德，因为我是得益于美德共同体的社会动物。为了完成自己对自主和好生活的追求，我应该鼓励他人成为有美德的。如果他人不愿意听从，我应该承认失败并继续，意识到如果他们侵犯正义，我应该进行干涉。

面对我们对不赞成的人的情感反应，我们应该做什么？这个问题是我们是否应该完全不动感情，或者我们是否应该关心令我们反感和干扰我们的人。适当的情感（eupathia）的观念在此是有用的。当我们用理性去看厌恶和愤怒的真实理由，适当的情感产生了。如爱比克泰德和马可·奥勒留指出，冒犯的原因通常不是他人（应受惩罚的）蓄意的不正义，而是自己和他人身上的无知。对我们认为讨厌的他人的情感反应阻碍理性，防止我们发展理解。为了得出一种宽容的批判视角，我们必须理性地控制情绪。在一些情形中，这会帮助我们超越伤害，"抛却'我被错怪了'这一信念，这一情感也会随之而去。否定你的受伤感，伤害本身也会消失"。在其他情形中，它会帮助我们无偏颇地、仁慈地追求正义。

伴随宽容的情绪是谦逊和同感。通过认识到他人会不同意我们这一事实，我们必须克制自己。如果我们意识到这一点，那么我们的震惊和愤怒会让位于遗憾。这不只是一种利他主义的形式，也是一个自我利益的问题。我们需要其他好人的友谊来完成自身善的追求。愤怒和厌恶通常只会腐蚀理性，使他人疏离我们，阻止我们实现社会责任。

当正义并不要求积极的干涉时，善的追求要求我们理性地批评同伴、听取他们对我们的批评并宽容他们的失败。这意味着使自己与激情保持足够远的距离以至于听从理性，考察为激情所提出的论据。斯多葛主义社会哲学的困境与在自由主义宽容悖论中发现的困境一样：我们如何彼此吸引同时不变得不宽容和不牺牲正义的要求？在斯多葛主义中，答案在于适当控制激情，以至于正义不为不节制的情感反应所掩盖。正义包含宽容，因为我们应该对不赞成的理性存在者有同情心。然而，宽容也是一种自足的美德：如果我集中在我能控制的事情上，例如我的观点和情感，我会更好地控制自己。因此，斯多葛派的宽容来自以下重要见解：我们不能控制他人的观点和行为。虽然如此，我们不必变得对这些人漠不关心，他们对于过好的社会生活这一共同事业是必不可少的。如马可·奥勒留总结："一方面，人是与我们关系最密切的，因此我必须为他们谋利益，必须容忍他们，然而因此有些人却妨碍我的正常行动，于是人对于我又成为与太阳、风或野兽无区别的东西。"① 当我们能够将我们对他人的义务与对我们最终无法控制的事情的这种冷漠结合起来，智慧和宽容就产生了。

斯多葛主义通过斯宾诺莎进入现代政治哲学。对于斯宾诺莎而言，心灵的美德，例如节制、清醒和纯洁给予我们超越激情的能力。尽管斯宾诺莎并没有详细地聚焦宽容美德，但是它是这些心灵的美

---

① 〔古罗马〕马尔库斯·奥勒利乌斯：《沉思录》，王焕生译，天津社会科学院出版社，2010，第49～50页。

德之一。它既帮助我们实现自我主宰，也帮助我们正确地判断他人。斯宾诺莎是重要的，因为他提供了斯多葛派情感理论与他在《神学政治论》中提出的政治宽容观念之间的关联，后者影响了洛克的叙述。斯宾诺莎和洛克都聚焦于使用政治权力迫使人以正统的方式进行思考的不可能性。这一观念是当今自由主义宽容观念的根源，因此间接地与斯多葛派的以下观念相连，即宽容所引导的理性对话是使我们这些"理性的兄弟们"更有美德的最好方式。

第三章　中世纪哲学中的宽容思想

在人们看来，西方中世纪社会是一个迫害型社会。一方面，天主教教会对内部的异端和异教徒极不宽容；另一方面，世俗政权借助暴力工具残酷迫害异教徒、犹太人和穆斯林。即便如此，西方中世纪社会并非铁板一块，而是在实际生活中存有许多信仰的多样性。除了这种事实上的多样性，中世纪也存在不少宽容思想，尽管不多。为了更加系统、全面地把握西方中世纪哲学中的宽容思想，我们需要从基督教的源头——《圣经·新约》谈起。

1　《圣经·新约》中的宽容与不宽容

之所以要专门讨论《圣经·新约》，是因为《圣经·新约》不仅对教父们的宽容思想，而且对整个欧洲的宽容论述极其重要。[①]《圣经·新约》主要由四福音书、保罗书信以及约翰、彼得、耶稣的异父弟兄雅各和犹大的书信以及使徒约翰完成的启示录构成。此部分主要由希腊语经卷组成，因此也被称为《圣经》希腊语经卷。其

---

① Forst, Rainer, *Toleration in Conflict: Past and Present*, trans. by Ciaran Cronin, Cambridge University Press, 2013, p. 39.

大体覆盖公元 1 世纪，记录了早期基督教的发展。四福音书主要记载耶稣的言行，是《圣经·新约》中的史书；使徒行传记录耶稣死去和复活后基督教会的发展和壮大。

拉丁词语 tolerantia 以"对痛苦的耐心承受"进入《圣经》的翻译，这意味着相信上帝之国的信仰者的耐心。"那落在沃土里的，就是那些人怀着诚实善良的心听了道，把道持守，在忍耐中结出果实来。"① 在《哥林多前书》中，保罗谈到根源于希望的爱，这给予信仰者忍耐他人不义和弱点的力量。尽管宽容仍然被理解为坚持和耐心，但是它转为对待他人的行为，即迁就："爱是恒久忍耐；爱是仁慈，不嫉妒；爱是不自夸，不自高自大……不计算别人的过犯……凡事包容，凡事相信，凡事盼望，凡事忍耐。"② "耐心承受"和"迁就"这两层意思都可以在护教者和教父的思想中找到，这些思想以复杂的方式反映了当时的社会现实。与其他礼拜仪式相比，基督教在前三个世纪的罗马帝国中没有受到宽容，它的排他性以及拒绝像对神一样崇拜君王与罗马秩序不相容。在《圣经·新约》中有两点对于宽容特别重要：良心的作用和两个王国的学说。

（1）良心的作用

《圣经·新约》重视个人良心。作为"里面的光"（《马太福音》6：23），纯净的良心或"纯洁的心"（《马太福音》5：8）"见证"（《哥林多后书》1：12、《罗马书》2：15 和《提摩太前书》1：5）个人追随上帝的坚定和真诚。在《哥林多前书》中，有一个段落是关于对软弱的、犯错的良心的尊重。吃献给偶像的肉不是罪，因为

---

① 《路加福音》8：15。（关于《圣经·新约》，本文参考的译本是《新汉语译本·新约全书》，汉语圣经协会有限公司，2010。）

② 《哥林多前书》13：4 - 7。

偶像不存在。出于对因为"软弱的良心"仍然坚持这一信念的人，我们不应该诱使或强迫他们吃这样的肉。①

在《罗马书》中也有一个对应的讨论：是否应该尊重犹太人对于纯洁的和不纯的食物的区分："你们要接纳信心软弱的人，不要因为意见不同而争论……你是谁，竟然评断别人的家仆？他或站稳或跌倒，都只是他主人的事。……为甚么评断你的弟兄呢？……我们全都要站在神的审判席前。……我们每一个人都要向神交代自己的事。所以，我们不要再彼此评断——你们倒要下定决心，不给弟兄放置绊脚石或绊倒人的东西。……让我们追求那些缔造和好关系的事和彼此造就的事。不要因食物的缘故拆毁神的工作。一切都是洁净的，但有人若因所吃的绊倒别人，对他来说那就是恶事。不吃肉，不喝酒，任何绊倒弟兄的事一概不做，那才是好的。你所持有的信心，你自己要在神面前持守住。人在自己以为可行的事上，不定自己的罪，那是有福的。但人若是存着疑惑去吃，就被定罪了，因为

---

① 《哥林多前书》8：1-12："1 论到祭过偶像的食物，我们知道——知识使人自高自大，爱却能够造就人。2 如果有人自以为知道些甚么，他其实连自己所应该知道的也不知道。3 不过，如果有人爱神，这人就是神所认识的。4 因此，论到吃祭过偶像的食物，我们知道'世上的偶像算不得甚么'，我们也知道'神只有一位，再没有别的神'。5 因为，即使天上或地上有所谓的'神'（就如他们中间有许多的'神'，许多的'主'），6 可是，对我们来说，只有一位神，就是父，万物都是从他而来，我们都是为他而活；并且只有一位主，就是耶稣基督，万物都是藉着他而有，我们都是藉着他得生。7 可是，不是人人都有这种知识。有些人在此以前已习惯了拜偶像，吃的时候，就好像自己在吃祭过偶像的食物；他们的良心既是软弱，就被污秽了。8 其实，食物不能把我们带到神面前；我们不吃也无损，吃也无益。9 你们却要小心，不要让你们这权利成为软弱的人的绊脚石。10 因为，如果有人看见你这有知识的人在偶像的庙里坐席，而那人的良心是软弱的，他难道不会得到鼓励去吃祭过偶像的食物吗？11 那么，这个软弱的人——就是基督为他而死的这弟兄——就因你的知识而遭到毁灭。12 你们这样得罪弟兄，伤害他们软弱的良心，就是得罪基督。"

不是出于信心。凡不是出于信心的都是罪。"①

"凡不是出于信心的都是罪"这一句特别表达了良心论据的关键。因为每个人会以自己的良心出现在上帝面前，对自己的行为进行解释，所以使他偏离自己的良心所指示的道路不是他人的事情，即使他们碰巧拥有真理。然而，这一论据的一个重要特征是它涉及的是非常次要的差异，而不是重要信条的差异。② 此外，应该指出的一点是，关于真理的信念是明确的。因此，内在的信仰并不会因为一个人深深地相信其真理这一事实而成为真正的信仰。出于不强迫他的良心，软弱的个人受到保护；真理本身并没有被相对化。因此，如果这个人倾向于以侵犯"公义"或对上帝的服侍的方式行动，这一论据就不再起作用。维持宽容的兄弟般的爱的前提是在上帝中的根本一致。因此，爱的普遍性是把他人包含在自己的真理之中："绝不分犹太人或希腊人，绝不分奴仆或自由的人，绝不分男的女的，因为你们全都在基督耶稣里合而为一了。"③

因此，当问题涉及圣殿的圣洁时，就不再有宽容的余地。"耶稣进了圣殿，把圣殿里所有做买卖的人都赶走，推翻银钱兑换人的桌子和贩卖鸽子的人的凳子，对他们说：经上记着：'我的圣殿要称为祷告的殿。'你们竟使它沦为贼窝！"④ 更有甚者，《圣经·新约》中有许多明确的段落谴责无信仰者、异教徒和宗教分裂者。"我是阿拉法，也是俄梅嘎；是首先的，也是末后的；是开始，也是终结。那

---

① 《罗马书》14：1－23。
② 《罗马书》14：17－18："因为神的国不在于吃喝，而在于圣灵里的公义、和平、喜乐。人这样服侍基督，就必为神所喜欢，也为人所嘉许。"
③ 《加拉太书》3：28。
④ 《马太福音》21：12－13。

些洗净自己袍子的人有福了；他们可得权柄到生命树那里，也可以从门进入那城。城外有狗、行邪术的、淫荡的、杀人的、拜偶像的，以及一切喜爱并编造谎言的人。"① 错误的先知被诅咒（《加拉太书》1：8），异教徒受到严厉的谴责（《提多书》3：10），亵渎者被交给撒旦（《提摩太前书》1：20），保罗宣称："至于教外的人，神自己会审判。你们要把那邪恶的人从你们中间赶出去。"②

当谈到传播真正的信仰，耶稣告诉门徒："无论谁不接待你们，不听你们所传讲的，你们离开那家或那城的时候，就要跺掉脚上的尘土。我实在告诉你们，在审判的日子，所多玛（Sodom）和蛾摩拉（Gomorrah）所受的要比那城还容易受呢！……凡是在人面前认我的，我在我天父面前也必认他；无论谁在人面前不认我，我在我天父面前也必不认他。"③ 他继续说道："不要以为我来是要给地上带来和平；我来不是要带来和平，而是要挑起干戈。"④ 在《路加福音》中，这一点说得更加具体。"你们以为我来是要给地上和平吗？不！我告诉你们，反而是要使人纷争。从今以后，一家五口将要纷争：三个跟两个争，两个跟三个争。父亲与儿子相争，儿子与父亲相争；母亲与女儿相争，女儿与母亲相争；婆婆与媳妇相争，媳妇与婆婆相争。"⑤

（2）两个王国

这是何种宝剑？尽管有把商人逐出圣殿的做法，许多地方强调

---

① 《启示录》22：13－15。
② 《哥林多前书》5：13。
③ 《马太福音》10：14－33。
④ 《马太福音》10：34。
⑤ 《路加福音》12：51－53。

这是"圣灵的宝剑"的问题，是神的话语（《以弗所书》），而不是世俗的宝剑。"我们争战所用的武器，本不是人世间的，而是那为神争战的能力，能够摧毁坚固的堡垒。"① 意思是，话语是基督徒唯一的武器，而不是世俗的强迫或暴力。因为耶稣回答彼拉多："我的国不属这个世界；我的国如果属这个世界，我的仆役就会为我争战，我就不会被交给犹太人了；只是我的国不在这里。"②

伴随着这一点，我们获得了国家宽容宗教的关键证明。正如真正的宗教不是通过行使世俗的强迫和世俗的权力获得证明，因为它应该只通过话语来使人信服，而不能求助于政治权威，世俗的权力也没有被授权霸占世俗王国的权力并通过强迫或暴力影响它。国家无权强迫宗教事务，宗教也无权强迫政治事务。然而，这不应该被理解为世俗权力和精神权力之间的某种"契约"，因为在基督教思想中只有一个在信念中的真理，优先性已经确定。因此，耶稣回答彼拉多："这若不是从上面赐给你的，你就不会有任何权柄办我。"③因此，"我们必须顺服神过于顺服人"。④ 相应的，保罗给罗马人写信道："人人都应当顺服在上位掌权的，因为没有权柄不是出于神；这些掌权的都是神所指派的。"⑤ 这句话有不同的理解。一种解释走向康斯坦丁时代所主张的基督帝国。另一种解释是宗教的权力——后来是教皇的权力——高于君主的权力。在教父们看来，良心和两个王国的论据必须被结合为对宗教自由的一个根本证明。

---

① 《哥林多后书》10：4。
② 《约翰福音》18：36。
③ 《约翰福音》19：11。
④ 《使徒行传》5：29。
⑤ 《罗马书》13：1。

2 德尔图良：偶像崇拜和宽容的限度

早期基督教的发展反映了一个历史的悖论。公元 4 世纪，基督教从寻求承认与宽容的非法宗教转变为拒绝给予其他宗教（和内部的异教徒）承认与宽容的既定宗教。这一历史悖论的传统答案是，只要基督教需要宗教宽容，他们就知道如何为宽容的必要性制造理由。然而，一旦他们得势，他们就忘记了早期的美德，学会如何剥夺他人刚刚获得的东西。也就是说，基督教的不宽容根源于人性，而不是基督教神学本身某些隐藏的东西。这种解释无疑有对复杂现象过分简单化之嫌。如果我们想理解这一转变如何成为可能，只集中在公元 4 世纪也许是一个错误。实际上，基督教从一开始就对宗教宽容持模棱两可的态度。在公元 2 世纪和 3 世纪，基督教知识分子为宽容辩护，但是他们不愿（或不能）承认宗教宽容的基本前提：宗教问题上一定的相对主义。德尔图良向我们展示了如何提出支持宗教宽容的论据，而这些论据并不包含思维模式的深刻转变，即宽容观念的真正内在化。

德尔图良（Tertullian，约 160~225）出生于北非迦太基（Carthage，今突尼斯附近）一个异教徒家庭，父亲是罗马帝国驻北非殖民军军官。早年赴罗马学习法律，做过律师工作，颇有名声。他曾在著作中提到自己曾经追随异教习俗，沉浸于世俗娱乐，后为基督徒殉教时视死如归的牺牲精神所感染，大约于公元 195 年皈依基督教。从罗马返回迦太基以后，他在教会中担任神父。但是，他憎恨对现世享乐生活的追求，离开迦太基教会，大约在公元 199 年加入孟他努派，后来脱离孟他努派建立了自己的教派。

"在德尔图良的时代，来自罗马帝国当局的政治迫害、来自异教知识分子的意识形态攻击、来自一般民众的偏信和误解，都把基督徒推上了被告席。"① 基督教护教士必须回答所有这些指控，为基督教的名声做辩护，德尔图良与其他护教士一起承担起这项任务。公元 197 年，他写下了《护教篇》（Apology）和《致各民族》（To Nations），呼吁宽容基督徒，驳斥基督教是不道德的这一指控，攻击异教的迷信，主张基督徒实际上是模范公民。② 在《论偶像崇拜》一文中，德尔图良则论述了不宽容的根源在于偶像崇拜。尽管德尔图良在罗马帝国中为宽容基督徒慷慨陈词，但是他对异教的态度携带着以后基督教不宽容的种子。③

"让有的人崇拜上帝，有的人崇拜朱庇特。"随着这个简洁的请求，德尔图良把自己确立为基督教传统中最早的宗教宽容提倡者之一。在公元 2 世纪晚期，基督徒特别需要某种宗教宽容。护教士致力于说服罗马知识分子宽容基督徒，指出基督徒的宗教信仰决不会伤害国家，这样一种宽容至少与在理论上为所有人共享的理性原则相一致。

在理解早期罗马帝国的宗教多元论时，约翰·诺斯（John North）主张，我们在整个地中海沿岸地区拥有一个"宗教市场"，这构成德尔图良宽容思想的社会学背景。也许这是在古代第一次，个人可以选择最适合自己的宗教实践和认同，不再是追随城邦的宗

---

① 王晓朝："中译本导言"，引自〔古罗马〕德尔图良《护教篇》，涂世华译，商务印书馆，2012，第 xix 页。

② Benedetto, Robert and Duke, James O., *The New Westminster Dictionary of Church History: The Early, Medieval, and Reformation Eras*, 2008, pp. 38 – 39.

③ Stroumsa, Guy G., "Tertullian on Idolatry and the Limits of Tolerance", in Graham N. Stanton and Guy G. Stroumsa, eds., *Tolerance and Intolerance in Early Judaism and Christianity*, Cambridge University Press, 1998, pp. 173 – 184.

教传统的单个选择。① 需要指出的是，这种宗教多元论更多的是一个事实问题，而不是一个受到承认的价值。正是在这种宗教与认同之间关系的转变中，基督徒获得的东西最多。诺斯的研究发展了诺克（A. D. Nock）关于转变作为希腊化时期宗教历史上的一个新维度的一些结论。② 按诺斯的说法，早期帝国宗教的第一个重要事实可以在这个心灵的开放竞争的比喻中来把握。换句话说，宗教不再是一个人国家认同与族群性既定的东西，个人可以从不同的可能性中自由选择新的宗教认同。在这种新的宗教多元论形势下，基督徒相比竞争者有明显的优势。相比其他群体，他们有能力提出宗教对话中转变的需要表达自身宗教更高的真理价值。这种对话，部分是犹太教的遗产，对其异教徒对手一直十分陌生，直到他们也提出类似的话语——这只是在基督教的影响下才发生，即在公元 3 世纪和 4 世纪。但是，那时为时已晚。我们必须在这种广泛的框架中解读德尔图良的宽容呼吁：公元 2 世纪晚期来自北非的基督教知识分子寻求说服异教读者应该允许基督教进入"宗教市场"。另一方面，他知道共存意味着竞争。因此，他试图在向当局呼吁的同时使它变得不合法。这种模棱两可告诉我们，早期基督教知识分子为了作为基督徒生活在一个异教社会所采用的方式。

上以提及的"让有的人崇拜上帝，有的人崇拜朱庇特"来自《护教篇》最著名的第 24 章，在这里德尔图良宗教宽容的论证达到

① North, J., "The Development of Religious Pluralism", in J. Lieu, J. North and T. Rajak, eds., *The Jews among Pagans and Christians in the Roman Empire*, London and New York: Taylor & Francis Group, 1992, pp. 174 – 93.

② A. D. Nock, *Conversion: The Old and the New in Religion from Alexander the Great to Augustine of Hippo*, Oxford: Clarendon Press, 1933

顶峰。

　　让有的人崇拜上帝，有的人崇拜朱庇特；有的人伸开双手
向天祈祷，有的人向信仰的祭坛祈祷；让有的人——如果你们
要这样认为——在祈祷中数云头，有的人则仰望天花板；让有
的人为自己的上帝献出生命，而有的人则献上一头山羊吧！但
是你们要知道，如果取消了宗教自由，禁止选择所崇拜的神明，
使我不能按自己的心意崇拜，而违背心意被强制崇拜，那么不
信教的罪名就没有任何依据了。谁也不会重视被迫向其表示的
敬意。①

　　这里，德尔图良回避了罗马对于基督教作为非法宗教的观念的
理由。与本土的和传统的礼拜仪式相比，现在基督教认为罗马宗教
不只是另一种竞争的合法的传统，而是一种错误的宗教。对于德尔
图良来说，罗马宗教不是神的礼拜仪式，而是魔鬼的礼拜仪式，它
不配享有宗教之名。在同一章里，德尔图良否认了基督徒背叛罗马
宗教的指控：既然罗马的"神"不是真正的神，那么罗马的"宗
教"就不是宗教，基督徒就不能被控以叛教的罪行。② 然后他提出一
个论据：按照公意，人把上帝的概念理解成类似于皇帝的概念。德
尔图良进一步列举了罗马行省的神。"叙利亚有阿斯塔特，阿拉伯有
杜萨莱斯，诺立奇有贝莱努斯，非洲有他们的天后，毛里塔利亚有
他们的诸天王。"③ 尽管这些行省是罗马的，但是他们的神不是罗马

① 〔古罗马〕德尔图良：《护教篇》，涂世华译，商务印书馆，2012，第 65 页。
② 〔古罗马〕德尔图良：《护教篇》，涂世华译，商务印书馆，2012，第 64 页。
③ 〔古罗马〕德尔图良：《护教篇》，涂世华译，商务印书馆，2012，第 66 页。

的。宗教自由似乎给予了所有人，除了基督徒。德尔图良关于真神和假神的论据以以下主张作结，只有在偶像崇拜者中间荣耀上帝的、真正的基督徒才被施以宗教。

按照德尔图良的说法，偶像崇拜不只被定义为"错误的宗教"，而且是"对上帝的冒犯"。① 因此，德尔图良表明偶像崇拜在宗教上是非法的。他进一步主张，从伦理角度这也会受到谴责。对于他而言，偶像崇拜的确切本性是什么？因为德尔图良用整整一篇论文来讨论这个问题，我们应该把注意力转向他的《论偶像崇拜》。

在《论偶像崇拜》中，德尔图良提了两个相互关联的问题：第一，偶像崇拜的本性；第二，在满是偶像和偶像崇拜的世界中基督徒的生活状况。这两个问题是相互关联的，因为偶像崇拜的定义和范围会限定基督徒对待它的态度。此外，人们应该从一开始就意识到许多偶像崇拜的形式是隐藏的，必须首先揭开它们。要强调的第一点是承认真正的宗教和偶像崇拜这两个领域之间的不相容性。偶像崇拜的领域也是恺撒的领域，"在天上与人间的誓约之间，在基督的标准与魔鬼的标准之间，光明世界与黑暗世界之间，没有共同点"。② 一个灵魂不能同时属于两个主人——上帝和恺撒。由此，基督徒不能向恺撒宣誓，因此他们被禁止成为罗马军队中的战士。用德尔图良的另一个比喻，"雅典和耶路撒冷何干？学院与教会何干？异教徒与基督徒何干？"

曾经确实不存在偶像。但是，这只是在撒旦"将神像和画像以及各种形象的制造人引入世界"之前。由于人的错误，人类崇拜万

① 〔古罗马〕德尔图良：《护教篇》，涂世华译，商务印书馆，2012，第116页。
② 〔古罗马〕德尔图良：《护教篇》，涂世华译，商务印书馆，2012，第152页。

物，除了万物创造者本身。因此，偶像崇拜是对各种偶像的侍奉和崇拜。偶像崇拜最重要的特征是其普遍存在。德尔图良进一步警告，为了能够实施，偶像崇拜甚至不需要神庙和神像，这意味着偶像崇拜无处不在。

许多结果跟随这一分析而来。偶像崇拜不只是形而上学错误的产物；它在道德上也是可谴责的。因为它是普遍存在的，基督徒在寻求避免罪过和偶像崇拜的过程中得特别小心。德尔图良把论文的大部分篇幅都用于偶像崇拜的影响及其对于罗马世界中基督徒日常生活的含义。首先，他列举了基督徒应该避免的职业，因为它们直接对待偶像崇拜。这个清单显然包括偶像制作者，也包括占星术士、教师和商人。其次，他讨论了偶像崇拜的间接形式，人们通过参与社会生活不可避免地会接触到它们。在此，他也具体地寻求阐明行为规则，在周围的异教徒世界中区分可允许的和禁止的。在渗透着偶想崇拜的世界中，如何生活——更确切地讲是如何谋生——是一个非常严肃的问题：在每个情形中人们应该划分边界，不断地在原则与可行性之间进行权衡。我们已经提出，这种论述在基督教文献中是非常新的。对魔鬼或异教的神的斗争是非常具体的斗争，反对活着的对手而不是反对一个体系。德尔图良对罗马价值提出了尖锐的批判：罗马人的伟大不是其宗教虔诚的结果，而是在于与战争（即与暴力和毁坏寺庙）相连。而战争与宗教是相互排斥的，所以罗马的伟大之处来自于其不虔诚。①

在《论偶像崇拜》的论证过程中，以同一时期拉比（Rabbi）教义文献中不为所知的方式，德尔图良逐步回答了一些关于日常生活

---

① 〔古罗马〕德尔图良：《护教篇》，涂世华译，商务印书馆，2012，第69页。

和宗教实践的一些问题。实际上，这篇论文在论调和细节上与《塔木德·异教书》有着许多相似之处。后者是同时代的一个文本，对待的是巴勒斯坦犹太人和异教徒之间的交往。为了理解这两个文本之间的相似之处与不同之处的本性，我们应该首先就崇拜（λατρεία）概念说几句。

如我们所见，偶像崇拜或错误的宗教是最常见的崇拜形式。这里我们对德尔图良隐含的论证路线有一条线索。如果可能存在没有偶像的偶像崇拜，这是因为，对于基督徒而言，崇拜形式的界限实际上是很宽泛的。崇拜（λατρεία）首先且最重要的是对神性明确的或隐藏的确认。这种确认在言语或行为中得到表达，因为基督教本身是通过言语来定义的宗教，是通过对少数真理的确认（即福音传道）。超越古代任何其他宗教共同体，包括犹太人，基督徒提出一种宗教概念，其中真理及其宣告是中心要素，甚至比传统的崇拜仪式更重要。

对于犹太人而言，崇拜的范围比基督徒定义得更加明确。犹太教的崇拜主要由神庙献祭（以及神庙被毁后的相应物——祈祷）组成。对于犹太人而言，自己的礼拜仪式是受限的，所以犹太教的偶像崇拜观念比基督教的更具体。在拉比教义的文本中，它主要指异教仪式，即对偶像的献祭或祈祷。不同于基督徒，对于犹太人而言，偶像崇拜本质上是对偶像的崇拜；它不太具有普遍存在的性质。这种语义差异的涵义是巨大的，反映了竞争的宗教共同体之间新的交往形式的不同路径。因为基督徒的崇拜观念以及偶像崇拜观念更宽泛，因此给不同思想和行为模式留下的宽容边界更小。对于像德尔图良这样的神学家，几乎任何与异教徒的交往都包含着与偶像崇拜的接触，这涉及对它的宽容。无须说，这样一种宽容受到最严厉的谴责。

早期拉比犹太教并没有真正提出对非犹太人和偶像崇拜者的宽厚态度。但是，犹太教和基督教之间的结构差异反映在两种宗教对偶像崇拜的态度差异上。拉比教义更紧凑的偶像崇拜定义允许对与异教徒更宽范围的交往的宽容，比德尔图良承认的范围更宽，这样一种宽容反映在《塔木德·异教书》中。

两种宗教之间的结构差异来自以下事实，当时犹太教一直是合法宗教，而基督教仍然是非法宗教。我们很难期待一个甚至一点宽容也不享有的宗教群体给予其迫害者任何形式的承认。强调犹太教和基督教不同态度的另一个因素是以下事实，在公元 2 世纪晚期，犹太教已经因为实践的目的抛弃了改变信仰的严肃尝试，而改变信仰正是基督徒存在的理由。如人们经常意识到的，与异教世界冲撞的暴力部分是缘于基督徒心中使命的重要性。

犹太教自我观念与基督教自我观念之间的第三个差异在于集体认同的边界。《异教书》写于巴勒斯坦，当时人们痛苦地感知到罗马的占领。拉比们不可避免地承认在祖先的土壤上存在不同仪式和宗教。但是，他们很清楚，以色列之地属于上帝，上帝已经把它给予自己的子民——以色列人。因此，罗马人毫不含糊地被认为是侵略者。罗马人及其仪式被避免，可以找到多种方式，一方面避免通过与偶像崇拜的接触而来的污染，另一方面又不使必要的接触（主要在商业领域的接触）瘫痪。换句话说，犹太人学会与异教徒肩并肩生活。犹太人认为，不同共同体之间这种有限的交往不会危及犹太教认同，因为他们在语言、领土、服饰或饮食习惯上有非常明确的表达自身的方式。

对于基督徒而言，这种清晰的自我定义模式被排除。《丢格那妥书》① 以最有意义的方式阐明了基督徒认同这种客观标准的缺乏：基督徒既没有领土，没有语言，也没有自己特别的服饰和饮食习惯。没有任何通常的民族的识别标准，这群奇怪的人像一群国家中的心脏。正是他们与异教在领土、语言和社会方面的完全渗透迫使他们制定与异教更严格的交往规则。人们可以说，与犹太教的认同相对，基督教认同完全是宗教的，而不是族群意义上的。

所有这些因素有助于解释为什么德尔图良的《论偶像崇拜》比《异教书》更激进地拒绝与异教交往。尽管二者直接的文本影响是不可能的，但是，显然可能的是，德尔图良已意识到犹太教对待偶像崇拜的思维和行为模式。比源泉问题更重要的是两个文本对应讨论的内在逻辑。不喜欢犹太人的德尔图良毫不犹豫地以这样强烈的语言说。虽然如此，许多教父的学者谴责他"太犹太人"。我们应该超越作者的意图，考察基督教和犹太教对待偶像崇拜的类比。德尔图良的作品所反映的宗教宽容狭隘的限制或不宽容帮助我们更好地理解其理智和宗教前提，在4世纪的过程中，这些前提使得逐渐地限制宗教自由和宗教宽容成为可能。

应该指出的是，在前几个世纪里，基督教知识分子并不必然认为宗教不宽容是一种恶。相反，它可能也作为美德受到赞赏，如奥利金（Origen，185~254）强调，因为它反映殉道士的意愿。在早期基督徒心灵中存在双重的传统：要求宽容与认可不宽容。这一双重

---

① 《丢格那妥书》，或称《致丢格那妥书》，全名 Epistle of Mathetes to Diognetus，是早期基督教护教士留下的文献，原文应该是于2世纪以希腊文写成，共12章。这份书信是一位信徒回复一位咨询者的信件，作者姓名不详。信件内容主要说明基督教与异教、犹太教之间的不同，表明基督教是神唯一的启示，显明神用爱拯救世人的救恩。

传统解释了为何一种真正的宗教宽容概念并没有在后来的古代基督教中得到发展。

3　奥古斯丁：从宽容到不宽容

宽容曾经是保护基督徒自身免于迫害的学说，在康斯坦丁把基督教提升为罗马帝国的国教之后，基督教学说的相关发展赋予宽容问题不同的意义。调节早期基督教宽容到不宽容的重要人物是奥古斯丁。

公元354年，奥古斯丁出生在北非的塔加斯特城［今阿尔及利亚的苏克阿赫腊斯（Souk-Ahras）］。父亲是一个非基督教徒，母亲则是一个虔诚的基督徒。奥古斯丁在少年时期就显露了非凡的才华，16岁前往迦太基学习，19岁时立志攻读哲学，不久便开始信仰摩尼教——由先知摩尼约在204年创立的宗教。在年轻的奥古斯丁看来，基督教天真单纯，而摩尼教哲理深奥。但是，在随后的9年中，他逐渐对摩尼教感到失望，并离开了摩尼教。29岁时他到达罗马，不久又到达意大利北方的米兰，在那儿担任雄辩术教授，通晓了一门经过修正的柏拉图哲学——新柏拉图主义。当时米兰的主教是圣恩布路斯（St. Ambrose），听了他的一些说教，奥古斯丁对基督教有了更为深刻的认识。32岁时他改信基督教，由一度是基督教的怀疑者转变为基督教热情的支持者。公元387年，奥古斯丁接受恩布路斯的洗礼，随即返回家乡塔加斯特。公元391年奥古斯丁成为希波主教的助手，公元396年主教去世，42岁的奥古斯丁成为希波的新主教，在随后的余生中一直担任此职。他至今尚存布道约500篇，书信200多封，代表作有《忏悔录》、《论三位一体》和《上帝之城》。

在早期著作中，奥古斯丁捍卫了许多宽容的论据，主要是爱、两个王国的学说和良心自由。

首先，来自爱的论据。在这里，爱意味着与自己、他人和上帝之间的复杂关系。与自己的关系不能理解为自爱，除非是在以下意义上："任何人不能爱自己，除非通过爱上帝。"对上帝无条件的爱是与作为上帝造物的自己和邻居的关系的基础。因为任何人都有原罪，都有弱点，因此人类需要彼此耐心的宽容。在此，宽容与原罪和对仁慈的上帝的爱联系在一起。上帝通过施加苦难来检验信仰的强度。"如果没有需要忍受的坏事，人就不必有耐心，所以耐心不是永恒的。而只有通过耐心达到的目标才会是永恒的。"宽容代表一种检验，它可以增强信仰者的力量。"教会的所有敌人，因为错误而盲目，因为罪恶而下流，如果他们会带来身体伤害，就会训练她的耐心；如果他们用坏的观念对抗教会，就会训练她的智慧；他们使教会能爱自己的敌人，训练她的慈悲甚至福祉，不论是靠甘美的教诲，还是靠严格的纪律。"①

其次，来自两个王国的学说的论据。"两个城……交织在一起，相互混杂，直到最后的审判才会分开"，"最明显的反对者中还潜藏着一些人注定是我们的朋友，甚至他们自己都不知道。"考虑到人有限的判断能力，人不能也不允许把自己树立为其他人及其罪恶的最后判官。在最后的审判时理顺这些线是上帝独有的特权；我们不必提前使用他的判断。奥古斯丁反复使用麦子和稗子的比喻来澄清以下观念：不应该太早就拔掉稗子，以免一起拔掉麦子。只有在"收

---

① 〔古罗马〕奥古斯丁：《上帝之城：驳异教徒》（下册），吴飞译，上海三联书店，2009，第 113 页。

割的时候"，即尘世的终结，这才会得到审判。

最后，来自良心自由的论据。只有真正的信仰是取悦上帝的，而真正的信仰建立在领悟的基础上，而不能通过强迫；真正的信仰是不受他人控制的。奥古斯丁希望不要有"被迫的转变"，不要强迫任何人进入天主教教会。

但是，后来在面对罗马天主教和多纳图派之间分裂的危险时，奥古斯丁得出结论：爱、两个王国和良心自由的理由也可以使不宽容和使用暴力成为基督徒的义务，如果这是拯救另一个人灵魂的唯一方式。他引用许多重新转变的天主教徒的例子来支持他的立场，正确的使用暴力并配以正确的教导可以使人们动摇错误的信仰，并打开他们的眼睛以至于可以接受真理——仍然是"从内部"。相应的，良心自由可以并且有时候必须服从暴力。

可以说，奥古斯丁的宽容观点是相互冲突趋势的不稳定综合，其中包括哲学心理学、历史理论、圣经解释的方法以及作为希波主教面对多纳图派叛乱时的紧急需要。[1]

早期奥古斯丁主张宽容，这个立场与他三位一体的哲学心理学最为一致。[2] 在《论三位一体》中，奥古斯丁主张，我们应该基于心灵的模式理解三位一体的上帝的本性。心灵包括三个部分：理解、记忆和意志，其中每个部分与其他部分都历史地联系在一起。理解的理性探究要求记忆，如果它要在我们生活的结构化中获得任何一贯的意义或位置的话。只有当理解和记忆受到过理性一贯的生活这一更高一级的欲望指导的时候，它们才统一人的生活；不使用理解

---

[1] Richards, David A. J., *Toleration and the Constitution*, Oxford University Press, 1986, p. 86.

[2] Lecler, Joseph, *Toleration and the Reformation*, Vol. 1., Association Press, 1960, p. 54.

和记忆，这些欲望就没有理性的目的。人的统一这种看似非常合理和理论的结果是心灵的一部分总是利用其他部分；理解、记忆和意志同时起作用。没有一个部分先于其他部分，也没有一个部分可以明智地与其他部分分离开来。人的生活受到这三个部分综合活动的指导。这一理论的自然推论是犯错的良心是理解、记忆和意志的综合后果，因此表达了一个人作为人的道德力量的整体性。因为基督教信仰要求整个人的自由同意，所以基督教的前提要求宽容，它可以单独保证所要求的自由同意。圣保罗的仁慈似乎开始生效。

然而，按照他对历史理论的深刻承诺对待和理解分裂的多纳图派，奥古斯丁宽容的哲学前提遭到腐蚀。[①] 这一理论要求奥古斯丁对圣经的预言和最近的灾难性政治事件（罗马灭亡）都给出合理的解释。奥古斯丁一直将罗马秩序与文明联系在一起，对于他而言，只有把文明的精神理想从腐败的政治世界转交给天主教教会，才可以给予罗马灭亡与圣经相容的救赎意义。如果只有教会文明了，那么维持教会权威这一关注就具有某种世界历史的重要性，特别是对于在任的主教。相应的，对于奥古斯丁而言，分裂的基督徒拒绝教会的权威看起来如此不合理，以至于他逐渐把多纳图派的抵抗不是看成合理分歧的产物，而是看成人无知的产物，这些人了解真理，却通过意志的腐化有意识地否认真理。这些人不会获得尊敬，因为他们的观点不是人整体的道德力量的产物，而是心灵中邪恶错误的产物。奥古斯丁三位一体的心理学被悬置；这些人如此缺乏自由和合理性，以至于他人可以正当地进行干涉以保护他们免受自己的攻击。

---

① Richards, David A. J. , *Toleration and the Constitution*, Oxford University Press, 1986, p. 87.

对于奥古斯丁来说，对比是准确的。异端反映了缺乏理性能力的腐化意志，而自我毁灭是最坏的一种——永恒的死亡（eternal death）。[1]实际上，强迫性干涉的基础更强，因为异端者的毁灭性也对被他腐化的人造成伤害，社会可以正当地要求免于这些伤害。

虽然奥古斯丁本人鼓励在对待异端者上宽大处理，但是他不宽容的论据后来被阿奎那用来证明对异端者处以死刑是正当的。[2] 因为信仰是自由的，阿奎那拒绝犹太人和异教徒被迫的转变。但是，一旦一个人已经支持天主教的真正信仰，就不允许他异端地放弃。追随奥古斯丁，阿奎那认为这种无知是异教徒心灵中的一种道德腐化，它会（传染性地）腐化他人。当时的世俗社会认为金钱是一种恶，并用死刑来对抗它。因此，阿奎那主张，腐化心灵是一种比金钱更大的恶，所以世俗社会用死刑来对抗它是正当的。

4　阿伯拉尔：对话与真理

在中世纪，不同信仰——基督教信仰、犹太教信仰和穆斯林信仰——之间的共存问题广受讨论，特别是在 12 世纪。阿伯拉尔（Peter Abelard，1079～1142）和拉蒙·鲁尔（Ramon Llull，1232～1315）[3]

---

[1] Deane, Herbert A., *The Political Writings of St. Augustine*, Columbia University Press, 1963, p. 205.

[2] Richards, David A. J., *Toleration and the Constitution*, Oxford University Press, 1986, p. 88.

[3] 拉蒙·鲁尔是世界历史上第一个提出基督教、犹太教与伊斯兰教跨宗教对话的人。《异教徒与三智者》具体演示了以"自由"为核心的宗教对话过程。鲁尔让每一种宗教的"智者"出场，让他们自由地、没有障碍地阐述自己的宗教真理，同时，让异教徒中的"智者"提问，从而强调和突显各种宗教不被对方理解和接受的信条和教义。在鲁尔的笔下，宗教对话的过程就是寻求真理和探究真理的过程，自始至终他不仅没有给予某种教义以对或错的结论，也没有给予哪种宗教以优或劣的判断。

写出了跨宗教的对话，寻求捍卫基督教信仰的同时看到其他宗教中的宗教真理或至少伦理真理的方式。在犹太教和伊斯兰教中，这得到迈蒙尼德（Maimonides，1135～1204）[①] 或阿威罗伊（Averroes，1126～1198）[②] 等作者的反映，他们捍卫对哲学的真理追求以反对宗教教条。这里，我们主要以阿伯拉尔为例。

需要特别指出的是，阿伯拉尔本人就是不宽容和迫害的受害者，因此，详述其生平是非常必要的。公元 1079 年，阿伯拉尔生于法国南部布列塔尼（Brittany）的一个骑士家庭。为了学习哲学，特别是逻辑学，他四处寻访名师求教，因而放弃对骑士封号的继承。在寻访名师的过程中，他最后总是与老师闹得不欢而散。1094 年，他向当时著名的逻辑学家罗色林（Roscelin）学习，因不满罗色林的极端唯名论立场，于是转到唯实论者威廉（William of Champeaux）那里，但仍不满意。他对威廉提出严厉批评，使得威廉不得不修改立场，乃至辞去教职。1113 年，他转向神学家安瑟伦（Anselm of Laon）学习神学，但发现老师名不副实，便批评安瑟伦"像光长叶不结果的树、像光冒烟不发火的炉子"。1115 年，他在巴黎圣母院的主教学校任神学教师，受到学生的爱戴。1118 年，当阿伯拉尔 39 岁的时

---

① 迈蒙尼德 1135 年生于科尔多瓦，1204 年卒于开罗，他是一位拉比、医生和哲学家，代表着中世纪犹太思想的巅峰。他享有崇高的威望，但是他多方面的天才以及著作明显缺乏统一性，并曾经引起了无数争论。迈蒙尼德撰写了许多解经学著作，其中最著名的是《密西拿注释》和《密西拿托拉》。1195 年，他用阿拉伯文撰写了一部有名的哲学著作《迷津指南》。

② 阿威罗伊，阿拉伯语名伊本·路士德（Ibn Rushd），出生于信奉伊斯兰教的西班牙哈里发国家的科尔多瓦，主要著作除关于亚里士多德著作的提要、注释外，还有《驳"哲学家的矛盾"》、《毁灭的毁灭》等。他提出了"双重真理"说，认为哲学真理和宗教真理是相互矛盾的。信仰和宗教对提高人的道德水平有作用，但不及哲学能掌握真理。因此，哲学高于神学。13 世纪时，他的著作和观点传入西欧，译成拉丁文之后，在基督教神学和经院哲学中激起了一股"拉丁阿威罗伊主义"的反对正统派的异端运动。

候，他与同事富尔贝尔（Fulbert）的侄女——17 岁的海洛伊丝（He-loise）相恋，并生下一子，后来他们秘密地结婚。当事情公开以后，富尔贝尔不但拒绝承认这桩婚事，而且指使人对阿伯拉尔动用私刑实施了阉割。此后，海洛伊丝被送进修女院，阿伯拉尔成为巴黎郊区圣丹尼斯（Saint-Denis）修道院的修士。他在修道院写了一系列逻辑论文，其中《论神圣的三位一体和整体》认为圣父、圣子、圣灵是上帝自我显现的三种连续的表象，在 1121 年召开的索松主教会议（Council of Soissons）上被谴责为否认上帝独立人格的撒伯里乌主义（Sabellianism）①。此后，他考证本院崇拜的圣丹尼斯传说中的讹误之处，僧侣群起攻之，迫使他出走，隐居乡间。很多学生慕名而来，他在法国西北部的一所修道院为这些学生授课，写下《是与否》《基督教神学》《神学导论》等著作。他的教学活动引起当时教会的精神领袖贝纳尔（Bernard of Clairvaux）的敌意性关注。不安全感迫使他逃到更为偏远的布列塔尼教区，1126～1134 年担任简陋的鲁伊修道院院长。为了改变那里的愚昧习俗，他着手修道院的改革，却差点儿遭到僧侣们的暗害。于是，他只好再次逃离。《劫余录》叙述的经历到此为止，但是他此后的遭遇更为悲惨。1136 年，他回到巴黎并在一所教会学校任教，写下伦理学著作《认识你自己》等作品。在《认识你自己》中，他分析了原罪的观念，得出一个激进的结论：在上帝眼中人的行为并不使得一个人更好或更坏，因为行为本身无所谓好坏，重要的是人的动机；原罪并不带有原过，亚当传给后代

---

① 撒伯里乌主义源自公元 3 世纪的基督教理论家及神父撒伯里乌（约公元 215～?），与相信上帝三位一体的思想相反，该思想认为圣父、圣子和圣灵只是上帝的不同形态和不同方面，由于信徒的关系上帝才化身为三种不同的形态，而并非上帝真的具有三个同质的位格。

的只是对罪的惩罚或后果。可是，他的一系列著作激怒了贝纳尔。在 1140 年召开的桑斯主教会议（Council of Sens）上，贝纳尔专门写了《阿伯拉尔的错误》一文列举其 16 条罪状，阿伯拉尔的《神学导论》被焚烧。对此，阿伯拉尔坚决抗议，准备到罗马上诉。可悲的是，当他还在前往罗马的途中，罗马教皇英诺森二世（Pope Innocent Ⅱ）就批准了贝纳尔的报告，并宣判阿伯拉尔的学说为异端。后来，阿伯拉尔被克吕尼修道院院长收留，在生命的最后几年里，他写下《论辩证法》、《哲学家、犹太人和基督徒之间的对话》（Dialogue between a Philosopher, a Jew and a Christian）等著作。1142 年，阿伯拉尔在克吕尼修道院逝世，并被安葬于此。1817 年，阿伯拉尔的遗骨被转移到巴黎拉雪尔兹神父公墓，在那里，他与海洛伊丝合葬在一起。

阿伯拉尔的《哲学家、犹太人与基督徒之间的对话》被视为是对知识分子宽容（intellectual toleration）的辩护。为了达到真理，公开对话是必要的，即使是明显不可通约的观点的人之间的对话。该对话不仅在方法上而且在实质上表明，在讨论过程中追求知识不能与包含多种观点相分离。真理或者至少终有一死者对它的理解是不确定的，必须不断经受持续的探究。[①] 考虑到对于与阿伯拉尔同时代的人而言，对话通常是一种确认真理的方式，而不是一种参与聆听实践的方式，为了评价阿伯拉尔对宗教宽容和实践的贡献，我们需要将他的《哲学家、犹太人与基督徒之间的对话》与他的其他作品

① Mews, C. J. , "Peter Abelard and the Enigma of Dialogue", in *Beyond the Persecuting Society*: *Religious Toleration Before the Enlightenment*, eds. by John Christian Laursen and Cary J. Nederman, University of Pennsylvania, 1998, pp. 25 –52.

以及同时代人的著作联系起来看。[①]

首先，来看看《哲学家、犹太人与基督徒之间的对话》。该作品包括两个对话，第一个是哲学家与犹太人的对话，第二个是哲学家与基督徒的对话。在第一个对话中，阿伯拉尔让犹太人与哲学家进行辩论，不是为了确立一种立场高于另一种立场，而是为了阐明犹太人遵守法则的原理，以及"服从法则义务为何不是本质的"来自理性的论据。在第二个对话中，他探究了伦理学说与神性之间的关系，伦理学说涉及如何获得至善，而神性涉及至善本身。[②] 总之，在每个情形中，对话都包括善恶本性的讨论、通往至善的真正的路的正确理解等，如对犹太人是摩西法则，对基督徒是圣经法则，对哲学家则是理性所发现的自然法则。这一作品最后，三个人走到阿伯拉尔这里，请求他判断他们中哪一个正确地识别出最高的善以及通往最高的善的正确道路。然而，在阿伯拉尔提出最终判断之前，作品就结束了。梅斯（C. J. Mews）的解释是，阿伯拉尔希望读者在辩论中形成自己的判断，正如他在《认识你自己》（*Sic Et Non*）一书中所做的一样，他希望读者自己去评价教父们一系列关于基督教学说的对立观点。[③]

其次，让我们回顾一下当时的哲学对话传统。"虽然让哲学家与

① Mews, C. J. , "Peter Abelard and the Enigma of Dialogue", in *Beyond the Persecuting Society: Religious Toleration Before the Enlightenment*, eds. by John Christian Laursen and Cary J. Nederman, University of Pennsylvania, 1998, p. 25.

② Mews, C. J. , "Peter Abelard and the Enigma of Dialogue", in *Beyond the Persecuting Society: Religious Toleration Before the Enlightenment*, eds. by John Christian Laursen and Cary J. Nederman, University of Pennsylvania, 1998, p. 27.

③ Mews, C. J. , "Peter Abelard and the Enigma of Dialogue", in *Beyond the Persecuting Society: Religious Toleration Before the Enlightenment*, eds. by John Christian Laursen and Cary J. Nederman, University of Pennsylvania, 1998, p. 27.

犹太人，然后让哲学家与基督徒进行单独而又相关的对话，这种想法在文学写作上没有直接的先例，但 11 世纪末坎特伯雷的安瑟伦（Anselm of Canterbury，1033～1109）已经普及了哲学对话作为提出个人思想的手段的类型。对比阿伯拉尔的《哲学家、犹太人与基督徒之间的对话》与受安瑟伦影响的对话可以让我们体会到阿伯拉尔的独创性程度。"① 在对话中，例如《论真理》（De Veritate）、《论选择自由》（De Libertate Arbitrii）和《论魔鬼的堕落》（De casu Diaboli），安瑟伦皆以奥古斯丁的早期对话为模板，采取师徒模式建立起"单独从理性出发"讨论问题的价值，但是"他关注的不是从不同观点中得出想法，对话中的提问者只是为了阐明安瑟伦结论的内在逻辑"。② 同样，安瑟伦早先的学生、威斯敏斯特修道院院长吉尔伯特·克里斯平（Gilbert Crispin）在其著作《犹太人与基督徒的谈话》（Disputatio Iudei et Christiani）中也是如此。吉尔伯特的这个对话在 12 世纪享有盛誉，始自他与一个来自美因茨的犹太人的对话。该对话首先描述了吉尔伯特如何进入一家客栈，在那里他碰到了两个非常有名但路径不同的哲学家，他们正在争论对单一上帝的崇拜。打一开始，吉尔伯特就强调宽容精神，讨论正是在这种精神中进行的："每当我们聚到一起，我们很快就会本着友好的精神就《圣经》以及我们的信仰进行对话。"③ 以宽容作为理想，他让犹太人开始辩论。

---

① Mews, C. J., "Peter Abelard and the Enigma of Dialogue", in *Beyond the Persecuting Society: Religious Toleration Before the Enlightenment*, eds. by John Christian Laursen and Cary J. Nederman, University of Pennsylvania, 1998, p. 28.

② Mews, C. J., "Peter Abelard and the Enigma of Dialogue", in *Beyond the Persecuting Society: Religious Toleration Before the Enlightenment*, eds. by John Christian Laursen and Cary J. Nederman, University of Pennsylvania, 1998, p. 28.

③ Anna Sapir Abulafia & G. R. Evans, *The Works of Gilbert Crispin Abbot of Westminster*, Oxford University Press, 1986, p. 9.

吉尔伯特归于犹太人的具体言论全是详细的论证和引用，不大可能是犹太人实际使用的话语。就像安瑟伦的写作一样，对于吉尔伯特而言，"对话意味着展现某一观点的正确性"。①

再次，让我们来分析一下哲学家在阿伯拉尔对话中的作用。"阿伯拉尔的《哲学家、犹太人与基督徒之间的对话》与吉尔伯特的对话以及安瑟伦的对话之间的差异主要体现在赋予哲学家作用的重要性上。"② 阿伯拉尔不是用哲学家来阐明基督教立场的正确性，而是让哲学家从不同观点得出真理。通过不把犹太人与基督教放在同一个对话中，阿伯拉尔用更为细致的分析代替了公然的对抗。需要指出的是，阿伯拉尔的兴趣并不在于一种宽容理论，而在于追求真理所必要的理性对话。

5　阿奎那：教会是否应该宽容犹太人、异教徒和穆斯林？

阿奎那（Thomas Aquinas，1225～1274）出身于意大利那不勒斯附近罗卡塞卡（Roccasecca）堡的一个有势力的贵族家庭，是德皇腓特烈一世的外甥。6 岁开始进入卡西诺修道院学习，随后转入那不勒斯大学。20 岁时不顾家庭反对加入了天主教多明我会，作为修道士被派往法国巴黎，跟随著名学者大阿尔伯特（Albert the Great）学习哲学和神学，并于 1248 年随师赴德国科伦执教。1252 年返回巴黎，完成神学的研究工作。1256 年取得教师资格，在巴黎从事教育达 3

① Mews, C. J. , "Peter Abelard and the Enigma of Dialogue", in *Beyond the Persecuting Society: Religious Toleration Before the Enlightenment*, eds. by John Christian Laursen and Cary J. Nederman, University of Pennsylvania, 1998, p. 29.

② Mews, C. J. , "Peter Abelard and the Enigma of Dialogue", in *Beyond the Persecuting Society: Religious Toleration Before the Enlightenment*, eds. by John Christian Laursen and Cary J. Nederman, University of Pennsylvania, 1998, p. 31.

年之久。1259 年后还在意大利担任过罗马教廷的随从人员。1269 年他回到巴黎，卷入了法国当时的哲学论争。1272 年重返意大利，主持那不勒斯多明我会的神学研究工作。1274 年在赴里昂出席宗教会议的途中，病死在福萨诺瓦（Fossanova）的修道院。死后被教会尊为"圣人"。他一生著作繁多，主要有《反异教徒大全》、《神学大全》、《论君主政治》（未完成）等。

H. 欧伯迪克（H. Oberdiek）指出"toleratia"及其同源词只是偶尔出现在阿奎那的著作中，在他整个哲学或神学思考中并不突出。然而，在某个场合，他利用它来表明教会应该或不该宽容的东西。[①]"人的政府来自神的政府，应该模仿神的政府。尽管上帝是万能的，是至善的，他仍然允许某些他可以禁止的恶在宇宙中发生，以免丧失更大的善或更大的恶会跟随而来。相应的，在人的政府中，有权威的人正当地宽容某些恶，以免丧失某些善或引发更大的恶。因此，奥古斯丁说：'如果你消灭妓女，那么世界会被性欲所震撼。'（De Ordine ii，4）尽管无宗教信仰者在仪式上犯错，但是因为跟随而来的一些善，或者因为避免某种恶，他们可以受到宽容。跟随犹太人遵守仪式——这些老的仪式预示我们信仰的真理——而来的是这种善：我们的敌人见证我们的信仰，我们的信仰在一个人中得到表现。因为这个原因，犹太人在遵循其仪式上受到宽容。"[②]

另一方面，其他不信者的仪式既不真实，也不有利，对它们绝

---

① Oberdiek, H., *Tolerance: Between Forbearance and Acceptance*, Rowman & Littlefield Publishers, 2001, p. 69.

② Thomas Aquinas, "Utrumritusinfideliumsinttolerandi? (Whether the rites of unbelievers should be tolerated?)", in *Summa Theologiae*, Second Part of the Second Part, Question 10, Article 11, trans. Fathers of the English Dominican Province, Westminster, Md.: Christian Classics, 1981.

不宽容，除非为了避免恶（例如随之而来的民愤、骚乱或阻碍人的救赎），这些人如果不受干涉，他们会逐渐转向信仰。由于这个理由，当不信者为数众多时，教会甚至会宽容异教徒的仪式。

在这里，阿奎那考虑了宽容的三种应用：犹太人、异端和卖淫。他认为基督教（即罗马天主教）高于犹太教是既定的。然而，在《新约》之前，犹太教值得尊敬。进一步，阿奎那解释，犹太人提醒了我们基督教的源泉。尽管我们已经超越他们，但是我们必须继续宽容一直与《旧约》相联结的人，即使他们是基督教的敌人。

阿奎那鼓励宽容是为了基督教，而不是为了犹太人的福祉，强调这一点是重要的。虽然犹太人可能生存下来，实际上是繁荣，但是那只是副产品。犹太人的福祉不构成阿奎那论据的一部分。如果犹太教消失了，因为所有犹太人都转向基督教，阿奎那会很高兴。今天许多人可能发现宽容犹太人的思想具有冒犯性。我们觉得它充其量是一种屈尊，在最坏的情况下则是轻视。在两者都是完全可接受的宗教表达形式这个意义上，许多人倾向于说犹太教是基督教相等的东西。然而，在 13 世纪，阿奎那呼吁宽容犹太人是进步的。

异教徒是不同的事情。与犹太人不同，异教徒作为基督徒长大，因此必定曾经掌握基督教的根本真理。他们对正统的拒斥引他们远离上帝，应该受到更有限的宽容。阿奎那声称，教会应该宽容异教徒两次，这为教会提供说服异教徒其错误并帮助引导他们回到同一宗教信仰人群中的机会。即使好人在掌握难的甚至神秘的神学理论上也可能误入歧途，遵照正统学说对个人是苛求的。如果异教徒顽固地拒绝在第二次退步之后放弃信仰，阿奎那不仅建议驱逐出教会，而且教会应该把他们交给世俗权威处死。①

对于异教徒的宽容是真实的，但显然是有限的。阿奎那建议教会宽容异教徒（但永不宽容异端），部分是为了异教徒自身，而不只是为了教会的善。宽容给异教徒时间反思和改变他们的思维方式。接下来的历史表明，教会感觉到强迫手段鼓励异教徒重新思考是正当的。这种极为有限的宽容并没有扩展到异端本身，因为它是不可宽容的。在这一点上，阿奎那的立场不同于前面应用到犹太人身上的宽容。犹太人及其（有缺陷的）信仰是可宽容的。他们是可宽容的，因为阿奎那认为清除错误的或误导的宗教信仰比这一目标更重要。

一旦异教徒表明自己是无可救药的，教会必须主要关注自己的善以及有信仰者的善，其次才关注异教徒的心灵。顽固的异教徒表明自己是不可纠正的，超出世俗的救赎。不管他们是否知道，异教徒死于火的净化比继续背教好。阿奎那认为，教会当然会好一些，因为除非异教徒被清除，否则他们会轻易地把轻信的人误导到跟随他们走向地狱的道路。阿奎那担心的不是教会的制度化生存，而是其神圣使命：上帝的牧羊人基督徒。如果它对异端或散布错误学说的异教徒漠不关心的话，它就不能完成任务。

卖淫是完全不同的事情。在这里，阿奎那建议宽容，基于以下一点，限制它的尝试会使"世界被性欲所震撼"，并使教会"蒙羞"。他没有说教会如何被蒙羞，但是他心里可能想的是像下面这样的东西：除了对于那些有特别使命和更高兴趣或不同寻常的自制的

---

① 正是因为阿奎那对异端者处以死刑的观点，罗尔斯在《正义论》中得出阿奎那连一点有限的宽容也不提倡的结论。

人，对于人而言，实际上性欲的需要是无法满足的。没有卖淫的发泄，性受挫会以更不可取的方式表达自身：着迷于性幻想、手淫和婚姻内外的不当性行为。正是在这个意义上，世界可能会"沉浸在肉欲里"。进一步说，限制，更遑论是根除卖淫的严肃尝试不可避免地会失败。根除卖淫的无效尝试只会使教会在信仰者眼里显得可笑，成为嘲笑的对象。尝试不可能的事情只会使教会英明领导的名声受到质疑。这反过来会削弱其神圣使命。为了避免无能和误置的优先性的丑闻，因此阿奎那建议应该宽容卖淫，我们忍受它，把它作为一个需要承受的负担。

忍受卖淫远不是完全的宽容，更别说是认可。阿奎那并不怀疑其罪恶性和邪恶性。相反，他认为教会必须向它表现出"空的宽容"来避免被嘲笑。与对犹太人的纯粹宽容相同，论据不是因为推崇卖淫或帮助卖淫女过得更好，而是为了保护有权势的人，即宽容者。如果阿奎那认为可以轻易地根除卖淫，或者有了卖淫基督教就不能繁荣是如此恐怖，那么他就会判断它是不可宽容的。

在对亚里士多德《尼各马可伦理学》的评论中，阿奎那也简短地讨论了宽容。在那里，他带着明显的赞成评论，如果某个人有一种"无效的使命"，它值得宽容，但是宽容不会扩展到"恶"或"其他任何应受责备的倾向"。他又说："对于自然可取的事物的恶，一个人显然值得更多的宽恕，因为宽容更容易扩展到这些人人共有的欲望，正是因为它们是共同的。"对于过量食物的欲望被当做一个例子，他很快又加了一句，不是对于美味食物的欲望，那种恶无需被宽容。所有暴食是恶的，但它是否如此邪恶以至于权威们必须试图结束它？然而，对于奢侈食品的欲望不是免于限制的，因为暴食可以在"共同的"、易于获得的食物的基础上得到满足。

第四章　文艺复兴时期的哲学与宽容

文艺复兴时期的哲学主要是人文主义哲学，人文主义为宗教宽容提供了有别于中世纪的论证。雷默（G. Remer）认为，人文主义的宗教宽容辩护主要有以下三点：第一，人文主义者强调，作为解决宗教分歧的手段，劝说高于暴力。第二，人文主义者区分了信仰的根本要素和非根本要素（adiaphora）。尽管基督徒必须承认信仰的根本要素，但是可以对非根本要素采取一种怀疑的看法。要求坚持的只是少数根本的学说，人文主义者可以宽容其他学说。他们希望，这一策略可以将被宗教改革分离的基督徒重新统一起来。第三，人文主义者强调伦理高于教条，他们认为伦理是基督教的核心。结果是，他们更关注反对道德的僭越，而不太关注反对学说的冒犯。这种态度使得人文主义者更加不愿意因为异端而谴责他人。①

对产生人文主义宽容的观念背景主要有两种解释。第一种解释主张，人文主义者的论据反映了启蒙运动或新生自由主义的价值。例如，阿伦（Allen）认为，文艺复兴时期的思想家含蓄地声称"个

---

① Remer, G., *Humanism and the Rhetoric of Toleration*, University Park: The Pennsylvania State University Press, 1996.

人形成和表达关于宗教的结论的权利"。① 同样，乔丹（Jordan）赞
扬人文主义者奠定了"一种理性和自由主义思想体系的基础"，莱昂
（Lyon）断言他们"为理性怀疑论埋下了种子"。② 如雷默表明的，
这些主张走得太远。人文主义者并不认可启蒙运动的理性主义；他
们是十分虔诚地相信神启真理的人。人文主义者也不是宗教个人主
义者，他们并没有将良心权利放在宗教宽容辩护的中心位置。

第二种解释将人文主义宽容的特征等同于人文主义本身。它主
张，人文主义者是温和的、怀疑的，他们要求基督教的统一，强调
伦理高于教条，等等，因为这些态度把他们定义为人文主义者。③ 然
而，这种解释依赖于一个循环论证，用一套特定的价值定义人文主
义，又用人文主义来定义这些价值。

1 库萨的尼古拉：真理与宗教间的和谐

尼古拉（Nicolas of Cusa，1401~1464）生于德国摩塞尔的库萨
地方，曾受教于神秘团体"共同生活兄弟会"，就读于海德堡大学，
后转到巴杜亚大学，学习数学、哲学、法学和神学，后在意大利罗

---

① Allen, J. W. , *A History of Political Thought in the Sixteenth Century*, London：Methuen，1928, p. 79.

② Jordan, W. K. , *The Development of Religious Toleration in England：From the Beginning of the English Reformation to the Death of Queen Elizabeth*, London：George Allen and Unwin，1932, p. 29；Lyon, T. , *The Theory of Religious Liberty in England：1603 - 1639*, Cambridge University Press, 1937, p. 18.

③ 大多数关于人文主义宽容的作者假设这种解释。例如，参见 Lecler, *Toleration and Reformation*, 1：105, 121 - 132, 把人文主义者的宽容解释为他们现代性的后果与把它定义为他们人文主义的固有部分之间没有必然的矛盾。如曼弗雷德·霍夫曼（Manfred Hoffmann）在《伊拉斯谟与宗教宽容》一文中主张，伊拉斯谟的许多解释者把伊拉斯谟的人文主义等同于现代价值。参见 "Erasmus of Rotterdam Society Yearbook Two"，1982, p. 80。

马教会任红衣主教和教皇的使者。受人文主义思潮影响，他主张信仰自由，反对教皇的独裁统治，不赞成罗马教会干涉各国政治。代表作是《论有学识的无知》（*Of Learned Ignorance*）和《论宗教间的和谐》（*On the Peace of Faith*）。其中，《论宗教间的和谐》标志着走向一种更全面的基督教人文主义的宽容观念。尽管在不同信仰的代表之间的对话中，他的"不同仪式中的一个宗教"的核心观念仍然是天主教的。对共同成分的寻求在宽容话语中是一个中心的而且逐渐重要的话题。这一点在伊拉斯谟关于简化的核心信仰的人文主义的可能的宗教统一观念中得到进一步发展，试图避免关于非根本的信仰问题上的宗教冲突。

我们都熟悉针对宗教的指责：由于其真理诉求，它们为战争和恐怖主义负责，真理激发狂热。虽然人们经常认为真理是冲突的原因，尼古拉则认为真理是宗教宽容的关键。他对不同宗教问题的解决方案通过求助于人性中固有的幸福欲得出。他主张，基督学（Christology）和其他基督教的基本真理来自这一自然欲求。他把幸福理解成在于真理观念本身。

对于尼古拉来说，对待非基督教宗教的宽容最终基于人与真理本身的关系。在这种情境下，真理是在准抽象的意义上理解的，以至于它可以等同于上帝本身，真理（truth）本身不同于诸真理（truths）。在一定意义上，真理理念不允许复数形式。换句话说，尼古拉并不是从特定基督教真理的观点出发处理这个问题，而是从真理本身的观点出发。

在对话过程中，基督教的主要学说得到辩护，不同信仰（包括多神论、犹太教、伊斯兰教和印度教）的支持者被引向承认基督教神学的最高智慧。因此，将《论宗教间的和谐》的宗教多元论观念区分开来的是其和平主义（irenicism）；作为实现基督教学说的普遍真理的手段，暴力的迫害和被迫的转变必须被理性的辩论和论证取代。

尼古拉致力于帮助培育一种理智的氛围，其中犹太人、基督徒和穆斯林可以把争吵抛在一边，带着对各自仪式的宽容一起崇拜唯一的上帝。

2　伊拉斯谟：基于简化的核心信仰之上的宗教统一

伊拉斯谟（Desiderius Erasmus，约 1466～1536）出生于鹿特丹，青年时曾在一所信奉奥古斯丁教义的修道院当修士，此后又成为一名牧师，1495 年到巴黎留学。他多次访问英国，第一次是 1499 年，在那里他结识了物理学家林纳克、政治家莫尔和《圣经》解释者科利特，还一度在剑桥大学担任神学和希腊文教授。1516 年他最早翻译了希腊文《圣经·新约》，使通俗拉丁文本《圣经》变成第二手文献。他编辑了圣哲罗姆的著作，于 1519 年出版了《对话》。1521 年，他前往瑞士巴塞尔，在那里编辑早期基督教领袖的作品。他虽然反对教条主义和滥用教会权力，但在马丁·路德与教皇的冲突中，他仍保持不偏不倚的态度。

伊拉斯谟是他所在时代最重要的人文主义者和修辞学家，他首先确定了人文主义宗教宽容辩护的基本结构，并显示它在修辞学中的起源，具体是在两种修辞类别——劝说和对话——中的起源。每个类别成为不同宽容类型的典范，一般对应于先前对人文主义宽容基本形式的划分。伊拉斯谟的第一种宽容类型模仿劝说类别，代表最小形式的宽容。这种宽容的特点反映在劝说的礼节中，强迫劝说者调和自己和听众，甚至是那些犯错误的人。对于伊拉斯谟来说，负担在正统的演讲者身上，发现提交信息的更有效形式。伊拉斯谟主张，当异教徒拒绝真理，布道者对他应该有耐心。礼节本身就有节制的意味，因为，按照伊拉斯谟的说法，温和的演讲是比辱骂的言论或行为更有效的劝说手段。虽然如此，布道不能为伊拉斯谟提供完全宽容的模型。因为他认为布道涉及应该明确知道的事情——信仰的根本原理和基督徒生活的原则——布道者不能真正地进入与听众的辩论，不能重视异教徒的观点。相反，为了改变他们，他只能宽容异教徒。

相比之下，伊拉斯谟第二种宽容以对话类别为模型，代表更为广泛的人文主义宽容。对话涉及演讲者，带着达到真理的目标，他进入与一个人或更多人的讨论。没有人声称确定性，因此对话者的关系是非等级的，不像布道中演讲者与听众之间的关系。为了促进辩论，对话的礼节要求尊敬地对待对话中的每个参与者，并允许他们促进讨论。因为就辩论的事情没有得出任何共识，参与者要自己决定可能性在哪。但是，伊拉斯谟没有把这种"最大化的宽容"应用于所有事情或所有人。一方面，他不允许讨论教会共识所定义的信仰的基本原理，只有非本质的信仰才向辩论开放；另一方面，他主要把学说讨论限于学术精英，把大众排除在外。伊拉斯谟可能通过把他们包含在教会内而宽容人民大众，但是他不允许他们参与信仰的非根本要素的神学辩论。

更广泛的宽容观念出现在伊拉斯谟之后。阿孔秀斯（Jacobus Acontius，1500~1567）是新教的皈依者，扩大了伊拉斯谟基于讲道的宽容辩护。不是将对话限于非根本的东西，阿孔秀斯主张所有信仰都应该被讨论，至少一开始是这样。他也处理了伊拉斯谟有学识的人和大众之间的区分。按照阿孔秀斯，我们必须给予每个人提出观点的机会。在阿孔秀斯那里，任何形式的布道不再是宽容的模型；对话成为对待所有教义问题的唯一类别，无论是根本的还是非根本的。阿孔秀斯的创新得到奇林沃斯（William Chillingworth，1602～1644）的推进，后者继续在对话模型的基础上证明宽容。因为他认为在宗教事务上确定性是不可能的，因此不能轻易地排除关于任何学说的辩论，包括传统上被认为对于拯救必不可少的信条。

3　塞巴斯蒂安·卡斯特利奥：异端与宗教自由

法国新教神学家塞巴斯蒂安·卡斯特利奥（Sebastian Castellio，1515－1563）强调宗教真理不易发现，许多包含在《圣经》中的学说太模糊而不能明确掌握。考虑到宗教真理上这层模糊的面纱，将某些人标为"异教徒"并迫害他们必定是不正当的。因此，对于他来说，为了避免以模棱两可的学说的名义让无知的人流血，我们应该把宽容扩大到与我们在宗教问题上有分歧的人。

1553 年 10 月 27 日，42 岁的迈克尔·斯文特斯（Michael Servetus）因为异端的罪名被日内瓦当局活活烧死，这激发卡斯特利奥从事宽容事业。《关于异教徒、他们是否应该被迫害以及应该如何对待他们》（*Concerning Heretics and Whether They Should Be Persecuted，How They Should Be Treated*，1554）就是这一事业的重要成就，最重要的地方在于它对异端概念的批判比较以及削弱基督教迫害理论的一系列论据。他攻击天主教和加尔文主义实践上的不宽容，支持良心自由以及理性作为真实信仰的前提。在这个时期，现代早期宽容话语的关键要素得以形成：一方面是宗教权威和个人宗教良心的区分，另一方面是宗教权威和世俗权威的分离。下面，我们着重从文本出发分析卡斯特利奥的宗教宽容思想。

《论异端》分成两个主要部分。第一部分是卡斯特利奥以马丁·贝利阿斯（Martin Bellius）为假名写的序言，献给符腾堡的公爵——克里斯托夫（Christophe）。第二部分是一个文集，精心挑选出 20 个反对宗教迫害的文本，其中四个文本来自早期教会的教父——圣奥古斯丁、圣哲罗姆、拉克坦修（Lactantius）和约翰·克里索斯顿（John Chrysostom），一个文本来自伊拉斯谟，其余十五个文本都来自新教徒，包括马丁·路德、约翰·布伦茨（John Brenz）、塞巴斯蒂安·弗兰克①、卡斯帕·黑丢②、约翰·阿格里科拉③、雅各布·申克④、克里斯多夫·霍夫曼⑤、约翰·加尔文、奥托·布伦费尔斯⑥、孔拉德·培利肯（Conrad Pellican，1478～1556）、乌巴努斯·瑞吉斯（Urbanus Rhegius）、塞利奥·塞孔多·柯里奥（Coelius Secundus Curio，1503～1569）、塞巴斯蒂安·卡斯特利奥、乔治·克莱因伯格（George Kleinberg，卡斯特利奥的化名之一）和巴斯尔·蒙福特（Basil Montfort，卡斯特利奥的化名之一）。因为文集中的圣

---

① 塞巴斯蒂安·弗兰克（Sebastian Franck，1499～1542/1543），德国 16 世纪自由思想家、人文主义者和激进改革家。
② 卡斯帕·黑丢（Caspar Hedio，1494～1552），德国新教神学家，致力从事神学著作的翻译工作。
③ 约翰·阿格里科拉（Johann Agricola，1494～1566），德国路德宗改革家，马丁·路德的追随者和朋友，后来在基督徒有约束力的义务问题上成为路德的对手。
④ 雅各布·申克（Jakob Schenck，1508～1554），新教神学家和改革者。
⑤ 克里斯多夫·霍夫曼（Christoph Hoffmann，1815～1885），出生于德国符腾堡州的莱昂贝格。年轻时在图宾根学习神学，1848 年被选入第一届德国国民议会。通过政治创造更好的基督教国家这一努力的失败使他重新回到耶稣所表达的基督教的根源，并立志建立一个上帝之国。1854 年，他建立了"耶路撒冷之友"，该组织于 1861 年成为一个独立的基督教宗教组织——"德意志勋章"，1868 年其成员开始在巴勒斯坦建立定居点。
⑥ 奥托·布伦费尔斯（Otto Brunfels，1488～1534），德国神学家和植物学家，卡尔·冯·林奈（Carl von Linné）称他为"植物学之父"。在某部作品中，他捍卫了乌尔里希·冯·胡特（Ulrich von Hutten），反对伊拉斯谟。

奥古斯丁、路德、加尔文和其他大多数新教徒是迫害者或将成为迫害者，所以把他们放在一本反对迫害、捍卫宽容的作品中是非常反讽的。

在序言中，卡斯特利奥提出一个寓言，表明宽容和互爱对于基督徒是非常重要的，并通过考察异端的含义，得出结论，"所谓异端，就是那些虽为基督徒，但并不承认'真正的'基督教教义，而是以这样或那样的方式顽固地偏离'正'道的人"。① 那么，什么才是真正的基督教教义？天主教、路德宗、茨温格里、再浸礼派、胡斯派、加尔文宗等的阐释，哪一个才是真正的教义？在宗教事务方面，有没有完全确定无疑的东西？人们能不能对《圣经》进行完全正确的阐释？卡斯特利奥的回答是谨慎而适度的"没有"，正因为如此，我们不能把与我们有分歧的人称为异教徒。每个派别都把其他派别视为异端，"以至于你在一个城市或地区是正统，你可能在下一个城市或地区被视为异端"。如果人们旅行的话，他们必须像换钱一样改变自己的宗教。

4　让·布丹：政治稳定抑或宗教共存？

让·布丹（Jean Bodin，1530～1596）是西方政治思想史上第一个关于主权的重要理论家，他对于现代西方宽容观念的进一步发展很重要，主要表现在两个方面。在《国家六书》（*Six Books of the Commonwealth*，1576）中，他提出一种纯政治的宽容证明，主要关注的是国家稳定。对于他们来说，政治主权的维持高于宗教统一的维持，

---

① 〔奥〕斯蒂芬·茨威格：《异端的权利》，任晓晋、方红、尹锐等译，光明日报出版社，2007，第164页。

宽容是在宗教多样性和冲突的形势下最高的政策。然而，这并不等于有着普遍宗教自由的完全世俗的国家观念。更激进的是布丹在《七人谈》（*Colloquium of the Seven About Secrets of the Sublime*）[1] 上的宗教—哲学工作，即不同信仰的代表之间的对话，他们在根本的宗教和形而上学的问题上存在分歧。在布丹的作品中没有主导的立场，没有明显的赢家或输家，这在宗教对话传统上是第一次。对话参与者找到的一致基于对他人的尊重以及以下洞见：即使可以有意义地讨论宗教差异，它们也不能在哲学争论中仅仅通过理性来解决。在此，宗教多样性被视为有限的、处于历史的人的永久困境，而不是一种由一个唯一的真正信仰来克服的状态。

对于布丹来说，宽容被扩展到所有理性的人，然而无神论者得不到宽容。因为按照布丹的说法，理性的人不可能是一个无神论者。这是布丹为宽容所设的限度。

---

[1] Jean Bodin, *Colloquium of the Seven about Secrets of the Sublime*, translation with introduction, annotations, and critical readings by Marion Leathers Kuntz, Pennsylvania State University Press, 2010.

第五章 近代西方哲学中的宽容思想

16、17 世纪的宗教改革和反宗教改革引发了宗教战争，学者们开始意识到不宽容的巨大破坏力，并通过重新考察宽容的《圣经》根源、用个人权利界定宗教信仰和政治权力之间的界限等方法来限制不宽容的破坏力，此时的主要代表人物有洛克。18 世纪，宽容讨论与对怀疑论的批判联系在一起，主要代表人物有伏尔泰和康德。伏尔泰认为，宽容来自于人的脆弱性和可错性。在《什么是启蒙？》中，康德主张一种开明的政治权力形式，允许国民之间相互辩论，只要他们保持对权威的服从。在《论永久和平》中，康德认为，哲学家应该被允许和鼓励公开演讲。公开辩论和讨论导向真理，国王不必害怕真理。在《单纯理性限度内的宗教》一书中，他反对宗教不宽容，指出尽管我们确信我们的道德义务，但是人们并不绝对确信上帝的命令。因此，要求违背道德的宗教信仰（例如烧死异教徒）永远不可能获得证明。可以说，近代西方哲学中的宽容思想是所有分期中最丰富的。

1 弥尔顿：出版自由

约翰·弥尔顿（John Milton，1608～1674）年轻时经历了一段漫长的学习与自修，在 1638～1639 年游历欧洲大陆，主要在意大利、法国及瑞士等国逗留。即使宗教信仰不同，清教徒弥尔顿仍在信奉罗马天主教的意大利结交了许多文人学者，包括天文学家伽利略。后来英国发生内乱，当时英王查理一世和苏格兰正爆发主教战争（Bishops' Wars）。由于弥尔顿本人也反对主教统辖制度（episcopacy），他自然是站在苏格兰这边，反对查理一世派主教到苏格兰。在接下来的二十年间（1640～1660），弥尔顿积极参与关于宗教教义与政治纷争的公开论战。他发表过数篇抨击主教的政论小册子，也针对教育、出版自由和离婚等议题提出他的看法。1649 年，查理一世被处死。不久，弥尔顿被克伦威尔新成立的共和国聘为国务院外文秘书（Secretary for Foreign Tongues），从此一心一意地为共和国的革命事业奉献。克伦威尔死后，一切都已改观。亲王势力猖獗，查理二世被迎回英国，王政复辟。共和国的头头纷纷遭处死，虽然弥尔顿逃过一劫，却免不了短暂的牢狱之灾，从此被逐出英国政坛。在潦倒之际，年近半百的弥尔顿专心写作，创作出一生中最伟大的三部作品：《失乐园》、《复乐园》及《力士参孙》。

《论出版自由》是他最重要的一篇政论，原作为 1644 年向英国国会提出的一篇演说词。1644 年，英国资产阶级和民众对斯图亚特王朝的斗争取得初步胜利，但是上层长老派竭力压制英国民众的宗教信仰和政治思想的自由，企图向王党妥协。弥尔顿为争取人民的言论出版自由权利，以这篇演说向国会提出呼吁，并对长老派发出训诫警告。弥尔顿认为：人的理性高于一切；言论和出版自由乃天赋人权的一部分。人依靠自己的理性可以认清是非，辨别正误，区分好坏，扬善除恶。要使理性得以发挥，人们就必须不受限制地了解别人不同的思想、观点、意见和态度。真理是通过各种意见公开的自由竞争，以创造、思索、辩论、讨论的手段获得的，因此，必须允许各种学说和主张流行，让真理在公开而自由的斗争中显示自己的力量。通过真理与谬误的搏斗，真实的、正确的、有效的思想和观点必然会为大多数人所接受，而那些错误的、虚假的、荒唐的观念和意见必然会被抛弃。在争取真理的斗争中，政府不能利用权力参与，更不能把权力施于任何一方。只有通过自我调整、自我修正、自我发扬光大的过程，真理才能最终战胜各种错误的意见而保存下来。如果政府利用权力参与，支持一种主张，压制其他主张，那么这只会扼杀人的理性，扼杀人的才智和创造精神，只会造成谬种流传。因此，权力是理性的大敌，政府对出版自由的压制是真理的大敌，必须限制这种权力。

弥尔顿认为，关于恶的知识与观察对人类美德的构成是十分必要的，对于辨别错误、肯定真理也是十分必要的。要探索罪恶与虚伪的领域，兼容并包的读书法是最安全的。在这个肯定论断之下，弥尔顿对兼容并包的读书法的害处一一进行反驳。[1]

第一，兼容并包的读书法可能使毒素流传。但是，如果这么说的话，那么我们应该完全取消关于一切世俗学术和宗教问题的争论，甚至《圣经》本身也不应该存在，因为《圣经》里面有粗野的渎神事件和不雅的肉欲。在《圣经》之下，接下来人们应该禁绝最古老的教父著作，因为里面讲到一些外教人在接受福音之前的淫荡事情。

第二，我们如没有必要就不应当让自己受到引诱，也不应该把时间浪费在没有用的东西上。对于成熟的人而言，这些书籍并非引诱或无用之物，而是有用的药剂和炼制特效药的材料。对于小孩或

---

① 〔英〕弥尔顿：《论出版自由》，吴之椿译，商务印书馆，1958，第20~31页。

幼稚的人，他们没有技术来炼制这些原材料，我们应该劝他们自制。但是，用强力来限制他们是宗教法庭中任何许可制办不到的。

第三，这种许可法令达不到自身的目的。首先，当真正的真理自由表达时，它的展示是一切方法和讨论比不上的。纵使我们可以用暴力消除罪恶，但应该注意的是，以这种方式消除了多少罪恶，就会破坏同样多的美德。因为美德与罪恶本是一体，消除其中一个，另一个也一起被消除了。这证明上帝的天意是有理由的，他一方面命令我们节制、公正和自制，另一方面在我们周围撒下令人贪恋的东西，同时给予我们一个漫无节制而永不知足的心灵。自由出版的书籍就是一种考验美德和体现真理的东西，我们没有理由取消它。其次，许可制检查员的勤恳、学识和公正都必须在一般人之上，否则在审核书可不可以通过的时候就会发生大的错误，危害不浅。最后，许可法令对于学术和学者是一个最大的打击和侮辱，所以它不但没有好处，而且还有十分明显的坏处。

弥尔顿将宽容建立在以下原则之上：在宗教中没有什么对上帝是无关紧要的。与洛克一样，弥尔顿坚称"他既不能强加，另一个人也不能信仰或服从宗教中的应该，而只是听从上帝的话语"。理性宗教认可必要的事情与不必要的事情之间的区分，两者都与国家对宗教信仰和实践一致性的要求一致，弥尔顿求助于启示。当然，弥尔顿也重视理性，"理性不过是选择"。他强调理性和恩惠的重要性和在神圣精神的帮助下解读。

2 斯宾诺莎：宗教迫害、信仰理论与共和主义的国家理论

1632 年 11 月 24 日，斯宾诺莎诞生于荷兰阿姆斯特丹犹太人区。祖先原是居住在西班牙的累翁省艾斯宾诺莎（Espinosa）镇的犹太

人，后因西班牙封建政府对犹太人进行种族和宗教迫害而避难到葡萄牙。祖父一代又逃亡到荷兰，父亲在阿姆斯特丹经营进出口贸易。1639 年，他进入专门培养拉比的神学校，学习希伯来语文、犹太法典《塔木德》、喀巴拉①，熟悉了中世纪犹太哲学和犹太学者对于《圣经》的注释。1646 年毕业后，他在德籍家庭教师斐宾格（Felbinger）的指导下学习拉丁文。1648 年，结束了 1618 年开始的欧洲三十年战争（其中交织着 1621 年爆发的荷兰反抗西班牙的战争），西班牙在威斯特法里亚会议上正式承认资产阶级的荷兰共和国。1649 年，他接替兄长进入商界，交往范围逐渐扩大。同一年，由于进步学说日益受到限制，笛卡尔终于离开自 1629 年起避居了 20 年的荷兰前往瑞典；英王查理一世被判处死刑。1652 年，他进入恩德（Francis Van den Ende，1600～1674）在阿姆斯特丹开办的拉丁语学校学习拉丁文，在这里接触到笛卡尔哲学和自然科学知识，也得到广泛阅读卢克莱修（Lucretius）和布鲁诺著作的机会，后来担任希伯来文教师，兼教数学等。1654 年，他经营的海运商业由于船只遭到海盗劫掠，损失很大。1656 年 7 月 27 日，因为坚持思想自由，怀疑灵魂可以脱离肉体而存在，怀疑超自然的上帝和天使的存在，犹太教会将他开革教门。作为一位处在犹太社会边缘的被驱逐的犹太人，斯宾诺莎第一次体会到宗教不宽容。接着，由于市政当局应教会要求下驱逐令，他只得移居新教徒聚居的奥微尔开克村，将名字改为由拉丁文拼写的本尼迪克特（Benedict），很快学会磨透镜技术以此谋生。1658 年，斯宾诺莎开始撰写《略论神、人和人的幸福》

① 喀巴拉（Cabbala），犹太教神秘主义体系、发展于 12 世纪及 12 世纪以后。它以口述为传统，主要传述托拉（上帝通过亚当和摩西启示给人类）的神秘智慧。它被认为是犹太人直接接近上帝的方式，正统派犹太教则认为它是异教及泛神论的主张。

(*Short Treatise on God*, *Man*, *and His Well-Beins*)，1660 年迁至来顿市郊来因斯堡。1665 年，他开始撰写《神学政治论》，1670 年《神学政治论》在阿姆斯特丹匿名出版，这部分是作为对他的被驱逐的一种回应，但更多是为了表明宗教和探究的自由不会损害国家和宗教。1671 年，新教教会宣布《神学政治论》为禁书。1674 年，《神学政治论》在来顿再版，它与霍布斯的《利维坦》和麦也尔（Lodewijk Meyer，1630~1681）的《哲学是〈圣经〉的解释者》（*Philosophy as the Interpretor of Holy Scripture*，1666）同被荷兰总督奥兰治三世认为"宣传无神论"而禁止。1675 年，《伦理学》完稿，因受到教会多方阻挠而放弃出版。1677 年 2 月 21 日，斯宾诺莎因肺病恶化而逝世。

斯宾诺莎《神学政治论》的中心主题是：国家不仅可以允许哲学思考的自由而不危及虔诚或公共和平，而且国家应该这样做，如果它不想摧毁虔诚和公共和平的话。斯宾诺莎的论据不局限于宗教宽容，而是支持整个哲学思考的自由。然而，宗教上哲学思考的自由是中心问题。在做出这样的论证时，他为西方文化在宽容和宗教自由方面的转变做出了伟大的贡献。这种转变如何发生？斯宾诺莎在其中发挥什么作用？哲学家的宗教宽容论据在带来这种转变上是否有效？

在《神学政治论》第二十章也是最后一章"在一个自由的国家里每个人都可以自由思想和自由发表意见"中，斯宾诺莎讨论了宽容和意见自由的问题，并为宽容提供了多个论据。① 第一，国家不可能有效地剥夺思想自由；第二，允许思想自由实际上不会有害于国家权力；第三，政治权威应该集中在控制行为而不是限制思想上。

---

① Steven B. Smith, "Toleration and the Skepticism of Religion in Spinoza's *Tractatus Theologica-Politius*", in Allan Levine, Early Mondern Skepticism and the Origins of Toleration, Lanham, Maryland: Lexington Books, 1999, pp. 127 – 146.

强调思想与行为之间的差异，这对于随后洛克、密尔和康德的宽容讨论至关重要。

此外，他认为宽容与思想自由的最大障碍来自宗教（特别是启示宗教）对人类生活的力量。最大的偏见是对《圣经》启示权威的信仰。因此，有必要对《圣经》中包含的故事和叙述的可信性进行质疑。斯宾诺莎圣经批判的原则是：解释《圣经》的方法与解释自然的方法差不多是一样的。这意味着对《圣经》进行一种自然史的研究，即从《圣经》写作的时间、地点和背景等来理解《圣经》。具体而言，《圣经》里一句话的历史包括三方面内容。

I.《圣经》各卷写时所用的以及著者常说的语言的性质与特质。这样我们就能把每个句法和在普通会话中的用法加以比较以研究之。

II. 把每编加以分析，把每编的内容列为条目。这样，讲某一问题的若干原文，一览即得。最后，把模棱两可和晦涩不明或看来互相矛盾的段落记下来。

III.《圣经》一句话的历史必须与所有现存的预言书的背景相关联，那就是说，每编作者的生平、行为与学历，他是何许人，他著作的原因，写在什么时代，为什么人写的，用的是什么语言。此外，还要考察每编所经历的遭遇。最初是否受到欢迎，落到什么人的手里，有多少种不同的原文，是谁的主意把它归到《圣经》里的。最后，现在被公认为是神圣的各编是怎样合而为一的。①

----

① 〔荷兰〕斯宾诺莎：《神学政治论》，温锡增译，商务印书馆，1963，第109~111页。

通过这种历史的方法，斯宾诺莎表明《圣经》中有许多模棱两可和互相矛盾的地方，对于《圣经》的怀疑显然是为了降低它的权威。在对圣经宗教的历史批判中，斯宾诺莎将它们的核心定位于正义和爱的美德中，将它与争议的宗教教条和对真理的哲学追求分离开来。国家的任务是实现和平和正义，因此它有权限制宗教的外在实施。然而，思想、判断自由和"内在"宗教的自然权利不能委托给国家；这里，政治权威找到其权力的现实限制。

3 洛克：个人的自然权利与宗教宽容

分析洛克的宽容观最好跟随其作品年表。他关于这个问题最早的表述是 1667 年不完整的《关于宽容的短文》（*Essay Concerning Toleration*），当时他是阿什利勋爵（Lord Ashley）的内科医生，阿什利后来成为沙夫茨伯里（Shaftesbury）伯爵。1669 年，这篇短文的观念重新出现在《卡罗来纳政府的基本构成》一书中，似乎关于宗教自由的条款与其他条款被引入阿什利勋爵和其他受洛克影响的所有者所制定的草案中。相关的条款是没有人应该是自由人，即使是殖民地的居民，他们没有承认和公开崇拜上帝；但是，任何这样做的人都应该获得实践其学说的保护，不管他们是什么派别。《卡罗来纳政府的基本构成》没有发挥作用，但是它们的权威赋予卡罗来纳一种宗教自由主义，使得它不同于马萨诸塞和宾夕法尼亚。早期的观念在《论宽容的四封信》中得到充分发展。

《论宽容的四封信》（*Four Letters Concerning Toleration*）由约翰·洛克创作于 1685~1704 年间。第一封信写给好友菲力·范·林堡格，原文为拉丁文，1689 年在荷兰匿名发表。同年，法文本和英文本相继问世，引起普遍关注。其后，为答复牛津大学尤纳斯·普洛斯特教士的反驳，洛克先后于 1690 年、1692 年和 1704 年以书信体形式又写了三篇关于宗教宽容的信，最后一篇未及终稿即逝世。《论宽容的四封信》主要阐述政教分离和信仰自由的主张，认为信仰是个人私事，与国家政治无关。

下面主要以第一封信为例，看看洛克为宗教宽容提出的经典的个人权利论证。

首先，公民政府的权限在于保证个人权利不受侵犯，因此，官长应该对教会事务和信仰者保持宽容，而不应该扩及灵魂拯救事务。国家是由人们组成的一个特定组织，其目的仅仅是为了谋求、维护和增进公民利益。公民利益指的是"生命、自由、健康和疾病以及对诸如金钱、土地、房屋、家具等外在物的占有权"。（洛克，1982）因此，官长的职责就是公正无私地行使平等的法律，总体上保护所有人并具体地保护每个国民对这些属于今生的东西的所有权。如果有人胆敢无视这些旨在维护所有权的公正的、平等的法律，侵犯任何他人权利，将会受到惩罚。惩罚包括剥夺或限制他的公民权利或财产，这些公民权利和财产是在正常情况下他本来可以而且应当享受的权益。官长的全部权力仅限于上述公民事务，仅限于关怀和增进公民权利，不能也不应当以任何方式扩及灵魂拯救。它既不能干涉宗教事务，也不能干涉公民自身的灵魂拯救。

官长之所以不能干涉公民自身的灵魂拯救，主要有以下三点理由：第一，官长没有被赋予特权掌管灵魂事务。上帝没有赐予任何人以高于另一个人的权威，使他有权强迫别人笃信他的宗教，而人们也不会把这种权力交给官长，因为关心自己灵魂拯救的人不会盲目地把这种拯救交给别人来决定。宗教的全部生命和动力只在于内在心灵的确信，没有这种内在的确信，信仰就不成其为信仰。无论我们表示相信什么样的信仰，遵从什么样的礼拜形式，如果我们在内心里不是充分确信这种信仰是纯正的信仰，这种礼拜仪式为上帝所喜悦，那么这样的表白和礼拜不仅毫无裨益，而且注定成为灵魂拯救的巨大障碍。第二，官长的权力仅限于外部力量，而纯正的和救世的宗教存在于内部信仰，除了信仰，其他东西都不能为上帝所接受。悟性的本质在于它不可能因外力的原因而被迫去信仰任何东西，官长所能施与的监禁、酷刑和没收财产等诸如此类的东西都不能改变人们业已形成的内在判断。尽管官长可以在通过理性来指导、教诲和纠正谬误方面做些一切善良人所应做的事，但是劝说是一回事，命令又是一回事；晓之以论证是一回事，强之以刑罚又是一回事。在信仰问题上，劝说和晓之以论证显示官长对个人的宽容，而命令和强之以刑罚显示官长的不宽容。官长依靠命令和刑罚等不宽容手段，虽然能够给个人带来肉体痛苦或其他的外部惩罚，但这无助于改变人们的见解，因为只有启发和明证才能改变人们的见解。第三，官长无权掌管灵魂拯救，是因为法律和刑罚的威力即使能够改变人的见解，也还是完全无助于拯救灵魂。如果官长在宗教事务上采取干涉的做法，命令除了法庭所规定的宗教之外，人们不能信仰其他任何宗教，此时，人们就不得不放弃理性的启示和良心的指示，盲目地迎合统治者的旨意，或者屈从于其出生所在国中的教会，或者屈从于因迷信、愚昧或野心而偶然建立起来的教会。在这种情况下，我们不可能指望将更多的人引进天国，不可能有更多的人获得灵魂拯救。

掌管灵魂之事不属于官长，是因为官长的职责是由法律所规定并以惩罚作为强制手段的，而掌管灵魂之事属于每个人自己。虽然官长关于宗教的见解可能是可取的，他指点的道路也可能是福音之路，但是，如果一个人在内心里未能充分相信，就不可能放心地跟着他走。只要一个人违背了自己良心的指示，任何道路都不会将他引向天国。归根结底，宗教的事只能留给人们自己的良心去决断。因此，官长应当对教会持宽容态度，无论是国教还是其他独立教会，因为人们在教会中所做的事情，即灵魂拯救，是每个人可以自行处理的。官长对教会的宽容分为对外部礼仪的宽容和对宗教信条的宽容。在外部礼仪方面，官长既无权以法律来规定他所在的教会和其他教会礼拜上帝的外部礼仪，也无权禁止任何为教会所接受、确认和遵循的既定礼仪。在宗教信条上，官长不应禁止任何一种与公民权利毫不相干的思辨性的信条在任何教会里传布或表达，这些信条只要求人们相信，而不得以国家的法律强加于任何教会。法律的责任不在于保证见解的正确性，而在于保障国家和具体的个人的人身和财产安全。总之，公民政府的全部权力仅仅与属于公民权利的利益有关，并且它掌管的事情仅限于今生的公民事务，与来世的灵魂拯救无关。

其次，教会的权限是掌管灵魂拯救，它不能干涉公民政府事务，也不能干涉信仰者除了灵魂拯救事务以外的其他事务。"教会是人们自愿结合的团体，人们加入这个团体，是因为他们认为能够用上帝允许的方式礼拜上帝，以达到拯救灵魂的目的。"（洛克，《论宗教宽容》）任何人都不是生来就属于某一教会，信仰者之所以自愿加入某个教会，是因为他确信在这个教会里确实可以找到为上帝所喜欢的表达信仰和礼拜的方式。既然期待得救是信仰者加入某个教会的唯一理由，这也构成他继续留在这个教会的唯一理由。简单地说，信仰者既可以自愿加入，也可以自由退出。既然教会是一个自由、自愿的团体，其宗旨是共同礼拜上帝以求永生，那么它的一切规定就应当有助于这一目的，其全部法规也应当以此为限。它不应当也不能受理任何有关公民的或世俗财产的事务，而且在任何情况下都不得行使权力。教会法规只是一种毫无强制性的权力，使教会成员忠于职守的唯一手段是规劝、训诫和勉励。只有当这些手段对违反者不能奏效时，教会才能动用其最大的也是最后的一项权威，即把他们逐出教会。

教会决不会因为宽容责任而容纳那种屡经劝告仍执意违反教会法规的人，这是教会的条件，也是教会的一项契约。如果容忍这种违反教会法规的行为而不加任何惩罚，教会最终也会解体。为了保持信仰的纯正性，也为了保证教会内部的稳定，教会有将"异端"逐出教会的权力。教会有革除教籍的权力，但他对异端的权力仅限于此，它不能以任何方式使已经被除名的异端的身体蒙受损失，更不能剥夺他先前占有的任何世俗财产，因为这些东西属于公民政府，并受官长的保护。假如教会迫害异端，并且剥夺其世俗财产的话，这是对被除名者个人权利的侵犯，是一种不宽容的表现。此外，不论教职人员的权威来自何处，既然他们是教会中的权威，便只能限于教会内部，而绝不能以任何方式扩大到公民事务。教会与国家之间的界限是明确不变的，如果把这两个在渊源、宗旨、事务以及在每一件事情上都截然不同并且存在无限内在区别的团体混为一谈，就等于把天和地当作一回事。因此，无论是谁，不管他担任的职务有多么令人尊敬，都不得以宗教信仰的不同为借口剥夺不属于他那个教会或宗教的人们的自由或世俗财产。总之，教会的权力范围在于与灵魂拯救有关的事务，而且其权力仅限于规劝、训诫和勉励，而不是强制的权力。

最后，每个人都拥有神圣不可侵犯的个人权利。灵魂拯救是每个人自己的私事，真正的信仰要靠自身的理解和服膺，因此任何私人都无权因为他人属于另一教会或另一宗教而危害他人享受其权利。无论这个人是基督徒还是异教徒，我们都不能使用暴力对待他或者伤害他。不仅持不同宗教见解的私人之间应相互宽容，具体的教会之间也应如此。任何教会都无权管辖其他教会，教会不因官长的加入而获得强制权力，也不因官长的退出而丧失其教导权和革除教籍权。总而言之，无论个人、教会还是国家都无权以宗教的名义而侵犯他人的公民权利和世俗利益的正当权利。

尊重个人权利是国家、教会和个人宽容的基础。因为对个人权利的尊重，国家不能干涉公民的灵魂拯救事务，教会不能干涉信仰者的世俗事务，而个人也不能干涉彼此之间的信仰自由。但是，宽容是有限度的。官长不应宽容与人类社会准则或维持文明社会所必需的道德准则相悖的意见；同样，教会也不应宽容显然会瓦解社会基础的东西。也就是说，宽容不能指向恶和伤害，不能指向摧毁宽容自身存在价值的不宽容。至此，洛克出于尊重的宽容是完美的。但是，作为一个基督徒，他没能超越自身信仰的局限，走向了对穆斯林和无神论者的不宽容。之所以穆斯林无法得到宽容，是因为它赖以建立的基础是：凡是加入教会的成员事实上已经把自己置于另一个君王的保护和役使之下。这意味着官长要在自己的国家内承认另一个国家管辖权的存在，而且似乎是允许招募自己的属民去参加他国的军队来反对自己的政府。出于对国家安全和稳定的考虑，穆斯林肯定得不到宽容。此外，无神论者也不属于被宽容之列。因为他们不仅在头脑中摒除了上帝的存在，而且在实际中将一切都化为乌有，诺言、契约和誓言对他们不具任何约束力。因此，他们可能损害他周围的公民，削弱道德，进而削弱社会凝聚力，所以不应该被宽容。这不仅是洛克作为基督徒的局限，也是出于尊重个人权利的宽容前后不一贯的体现。

4 培尔：良心权利与宗教宽容

培尔（Pierre Bayle，1647～1706）的《关于"强迫他们进来"的哲学评论》（*A Dhilosophical Commentaryon These Words of the Gospel，Luke 14：23，"Compel Them to Come In，That My House May Be Full"*，1686，简称《哲学评论》）是拒斥追溯到奥古斯丁的不宽容义务的论据（和特别是他对"强迫他进来"这一寓言的解释）最全面的尝试，主人命令仆人强迫那些收到晚宴邀请却没有参加的人进来（《路加福音》14：16 - 23）。① 在他反对在宗教问题上使用暴力的论据中，宽容主要不是求助于不必也不能强迫宗教良心的观念，因为他意识到奥古斯丁反对这两点的有力论据。相反，培尔主张存在一种实践理性的"自然权利"，向每个真诚的人解释某些道德真理，不管他或她的信仰，甚至包括无神论者。按照培尔的说法，宗教真理不可能胜过这样一种道德尊重和相互性的原则，因为合乎理性的宗教信仰

---

① 《路加福音》14：16 - 23：

"16 耶稣对他说：'有一个人摆设盛大的宴席，邀请了许多人。'

17 到了宴席的时间，他差遣仆人去跟那些已获邀请的人说：'请来吧，一切都准备好了。'

18 大家都同一口径地推辞。第一个说：'我买了一块地，必须去看看。恕我推辞了。'

19 另一个说：'我买了五对牛，正要去试试。恕我推辞了。'

20 还有一个说：'我刚娶了妻，所以不能来。'

21 仆人回来把这些事告诉主人。那家的主人就发怒，对仆人说：'快到城里的大街小巷去，把贫穷的、残障的、瞎眼的、瘸腿的，都带进来。'

22 仆人说：'主人，你所吩咐的都办妥了，可是还有空位子。'

23 主人对仆人说：'到大路和小道去，强拉人进来，要坐满我的屋子。'"

意识到它最终基于个人信仰和信任，而不是对客观真理的理解。这经常被视为一个怀疑论的论据，然而这不是培尔所意欲的；他想提出的是宗教真理具有一种不同于只使用理性达到的真理的认识论性质，通过这种方式他将道德和认识论论据联系在一起。培尔是第一个试图为宽容提出普遍有效的论据的思想家，这个论据提议了对不同信仰的人以及被视为缺乏信仰的人的普遍宽容。

这种理论比洛克的理论更激进。洛克从早期自由主义个人自然权利的视角区分国家与教会。保护公民的"公民利益"是国家的义务，"关心灵魂"不是国家的事，而是个人与上帝之间的事情，在灵魂方面个人只对上帝负责。因此，存在一种上帝给予的、不可让渡的自由实施宗教的权利。教会不过是自愿的组织，没有任何权利在基于被统治者同意的合法政治秩序内使用暴力。洛克指出宽容的限度，在一种宗教不承认它在公民社会的正确位置的地方（例如天主教）以及否认任何更高的道德权威因而破坏社会秩序基础的地方（例如无神论者）。

18世纪，具有独立的权威基础并区分公民角色和信仰者角色的世俗国家观念得到进一步发展，甚至稳定的政治秩序确实需要某种共同的宗教基础，洛克的这一想法继续存在。在美国革命和法国革命期间，一种基本的宗教自由的"自然权利"得到承认，尽管对于宽容何种宗教异议者的解释不同。法国启蒙运动的思想家在不同基础上支持宽容。布丹身上存在聚焦政治稳定与聚焦宗教共存之间的差异。在《论法的精神》（1748）中，孟德斯鸠主张为了维持政治统一与和平的目的宽容不同宗教，然而，考虑到宪法与人们道德和习惯之间的关联，他警告认可新宗教或改变主导宗教是有限制的。在《波斯人信札》（*Persian Letters*，1721）中，他提出了更为全面的宗教多元论理论。两种视角——宗教的和宗教间的——差异在卢梭的著作中更为显著。在《社会契约论》（1762），他试图通过所有人必定共享的"公民宗教"的制度化来克服宗教冲突和不宽容，然而在《爱弥儿》（1762）中，他主张个人良心的重要性以及非教条的"自然宗教"的目标。

为了克服它们之间的冲突，"理性宗教"作为既定宗教替代物的观念对于启蒙运动是典型的，这可以在伏尔泰、狄德罗和康德等思想家身上找到。在1779年《智者纳旦》"三个戒指"的寓言中，莱辛（G. E. Lessing）提供了既定宗教和平竞争的有力形象，既以它们共同的祖先为基础，又以不同信仰的历史传统的差异为基础。既然我们暂时没有客观证据表明它们的真理，那么应该号召它们通过道德的、和谐的行动提供这样的证据，直到尘世的终结。

不同于洛克，但与霍布斯一样，培尔主张不可能了解宗教。虽然如此，当霍布斯用怀疑论证明君主对宗教的控制时，培尔用怀疑论证明宗教宽容。然而，培尔的激进怀疑论将他完全引向拒斥人文主义的宽容辩护。不同于洛克的宽容，培尔的宽容只是基于个人的良心自由。因为没有一个信仰可以被表明在客观上比另一个信仰更合法，培尔支持任何人的信仰权利，只要这个人不是无神论者。

培尔的宗教怀疑论和个人主义最终在西方自由主义社会中取胜，但是人文主义的论据没有消失。相反，人文主义者来自宗教的论据被转化为世俗的自由言论理论，被称作观念市场。这种转变肇始于弥尔顿的《论出版自由》，在当今美国最高法院的决定中达到最新阶段。培尔观察到，作为一个实际的问题，人们并不是这样行动，仿佛宗教真理可知。在经验上，宗教信仰随着人们生活的时间和地点而改变。相比其他要素，教育和养育更决定一个人的宗教。培尔提及，如果我们出生在中国，"我们可能所有人都是中国宗教教徒。如果中国人出生在英国，他们可能所有人都是基督徒"。教育因素如此强大以至于它超过转变所获得的所有物质的好处。培尔注意到，犹太人在历史上是最受斥责的民族，"在地球上没有固定的城或国，没有地方或晋升，不断从一个城市到另一个城市被驱逐和迫害"。[①] 他问："难道他们没有意识到作为基督徒或穆斯林会好过些？"培尔继续说："然而没有什么比犹太人的转变更少见。"在培尔看来，他们顽固主张的原因是教育："对于同一个犹太人，他现在执着于其错误，如果两岁就把他从父亲那儿带走，并在真诚、热情的基督徒中间受教育，他会成为基督徒。"

培尔解释道，教育在塑造观点上的力量不会令人惊讶。人作为缺乏理性或"从错误中区分真理的能力"的生物开始生活，不注意老师可能教给他们错误的东西这一可能性。结果是，孩子们接受教给他们的任何东西，无论它们多么可笑或无法理解。然而，成年的时候，人们没有机会质疑孩童时期的信仰："在我们意识到我们让什么进入心灵之前，孩童时期的激情、习惯和教育的偏见就占据了我们。"年青时期无意识的习惯的影响如此巨大——把我们的心灵缩小到无——以至于不可能克服，"他的欲望随后会多么巨大"。

培尔并没有把宗教怀疑论建立在教育的影响上。他解释，宗教知识也是不可获得的，因为我们寻求发现的宗教真理不能与宗教错误区分开来："上帝没有在他启示的真理上刻下任何记号或符号……它们没有激发起错误没有激发的任何激情。一句话，在对我们来说似乎正确的对象中，我们没有区分任何东西，在现实中也是如此。"换句话说，宗教知识的障碍既是主观的，也是客观的。

---

① Bayle, *Philosophical Commentary*, 2: 626 – 627.

在培尔犯错的良心理论的中心，对其宽容解释必不可少的理论是笛卡尔主义的二元论。培尔把作为内在的精神同作为外在的身体区分开来。笛卡尔明确不同的观念声称是客观的。但是，赋予良心这样一种显著作用的结果是培尔使心灵完全是私人的。

总而言之，对于培尔来说，心灵不是身体的，它们不能通过身体的东西来探测。我们能够强迫身体，但是我们不应该因此就强迫心灵。因为心灵被视为私人的，在本体论上是独特的，我们永远不能从身体的行动分辨表达的观点是否真诚持有。既然我们真诚持有的宗教观点是关于我们与上帝的关系，因为我们只能通往自己的良心，这可以得出我们不知道任何人真正想要的东西。这种移动不是基于怀疑，我们可能想到这种人类知识的或然性。这不是一种怀疑主义的移动。培尔做出的是一种关于知识的肯定主张，即因为本体论考虑，我们不能了解其他心灵。这是培尔的宽容辩护不是基于怀疑论考虑的第二个例子。简而言之，我们不应试图去强迫良心，尽管我们可以强迫别人以某些方式行动，说某些东西。培尔声称，基督教强迫其成员尊重良心。

犯错的良心理论受到许多培尔的同时代人的认可。但是，他将它推进一步，发现自己面对一个复杂的困难。我们如何对待求助于良心的谋杀者？更令人尴尬的是，一个人如何对待宗教法庭审判官和迫害者？他们诉诸真诚持有的信念来证明使用拷打是正当的。在试图解决求助于良心的谋杀者的问题上，培尔追随两个方向，第一，似乎是他在作为身体的言语及其精神对应物（意义）之间区分的保持，第二是他对笛卡尔言语与行动之间的绝对区分刚好对应于身心之间区分的认可。从这一文本，培尔想要的是对宗教交谈而不是宗教行为的绝对宽容，这一点很明确，但是培尔从未就这一点多说。

他从未多说求助于良心的迫害者有权享受言论自由，而不是行动自由。培尔希望我们能够思考、讲话、研究、学习和祈祷，不受世俗权威的任何干涉。他没有主张思想自由或言论自由是一件可以在实用主义的或后果论（consequentialism）的基础上得到证明的好事情。世俗权威的领域只是行为——不是我们的思想或思想的口头表达。

培尔和洛克宗教宽容的差异在现代言论自由讨论方面有着直接的对比。培尔将绝对主义的宽容学说建立在笛卡尔的自我理论上，为了使良心私人性的解释可以理解，也建立在笛卡尔明确而不同的道德原则上。洛克做的事情正好相反：他拒斥笛卡尔的自我和笛卡尔的心灵；他甚至因原则内在主义的（innatism）关联而拒斥原则术语；他拒斥求助于良心作为宽容的基础。相反，洛克建议我们只是由于代表稳定政府这一审慎的理由而实施宗教宽容政策。他坚称，宗教宽容只应该给予本身支持宽容的忠诚的宗教群体。

培尔阐明了一种绝对主义的宗教宽容理论。正是在得出这种绝对主义理论的过程中，培尔提出了言论自由的解释。在多个世纪里，培尔关于言论自由的绝对主义立场得到的支持远少于洛克的"相互性"观点的扩展：宗教宽容只能扩展到本身承诺宽容的人。例如，洛克类型的自由言论的相互性观点在胡克和拉夫卓伊（Lovejoy）的坚持中找到，言论自由（特别是学术自由）的权利只应该扩大到承诺宽容的人。

培尔以《哲学评论》回应《南特敕令》的废除，出版于1686年。强迫人声称他们不信仰的宗教是不道德的；这也是不理性的，因为它阻止发现真理。他主张，无人有权声称完全拥有真理，以至于不需要参与同他人的理性论证。

虽然培尔一直是宗教信仰者，但是他准备宽容无神论者，这是他永久的荣誉。当时，无神论者被视为既是对教会的威胁，也是对政府的威胁。他区分了"思辨的无神论者"（如斯宾诺莎）和事实上的无神论者，后者因其堕落的生活方式表明缺乏对上帝的情感。在很大程度上，正是培尔在《哲学辞典》中对斯宾诺莎的辩护导致以下怀疑：真正得到捍卫的正是他自己"思辨的无神论"。在《哲学评论》中，培尔提倡宽容所有教派、犹太人、穆斯林、异教徒以及无神论者。

5　孟德斯鸠：方法论上的价值中立与政治上的实用策略

孟德斯鸠（Moutesquieu，1689～1755）出生于法国波尔多附近的拉伯烈德庄园的贵族世家中，自幼受过良好教育。1707 年，19 岁时获法学学士学位，出任律师。1709 年，第一次在巴黎游历。1714 年，开始担任波尔多法院顾问。1716 年，继承了波尔多法院院长（孟德斯鸠的祖父、伯父一直占有这个职务）职务，并获男爵封号。孟德斯鸠博学多才，对法学、史学、哲学和自然科学都有很深的造诣，曾经撰写过许多相关论文。1721 年，孟德斯鸠化名"波尔·马多"发表了名著《波斯人信札》，揭露和抨击了封建社会的罪恶，用讽刺的笔调勾画出法国上流社会中形形色色人物的嘴脸。书中还表达了对路易十四的憎恨。

1726 年，孟德斯鸠迁居巴黎，专心于写作和研究，并开始漫游欧洲，特别是在英国待了两年多，考察了英国的政治制度，认真学习了早期启蒙思想家的著作，并当选为英国皇家学会会员。1728 年起，他到奥、匈、意、德、荷、英等国学术旅行，实地考察社会政治制度和其他情况。1731 年回国后专门从事著述。1734 年发表《罗马盛衰原因论》，利用古罗马的历史资料来阐明自己的政治主张。

1748 年，孟德斯鸠最重要的也是影响最大的著作——《论法的精神》发表。孟德斯鸠提倡资产阶级的自由和平等，但同时又强调自由的实现要受法律的制约，政治自由并不是愿意做什么就做什么。孟德斯鸠说："自由是做法律所许可的一切事情的权利；如果一个公民能够做法律所禁止的事情，他就不再有自由了。因为其他的人也同样会有这个权利。"1750 年，他为《论法的精神》辩护，并回击批评。1755 年，孟德斯鸠在旅途中染病后去世了。

孟德斯鸠为我们提供了一位思想家的画面，他对宽容和个人自由等价值的承诺将他与自由主义传统的发展相连，然而在宗教与国家关系的讨论中却没有采取一种严格分离的方法。不像现代自然法中在不同于派别差异的原则上建立政治学理论，孟德斯鸠建构了一种更宽泛的社会理论，其中宗教和政治的目的在共同的原则下得以调和。通过在时代的环境下检省孟德斯鸠的立场，我们可以更好地理解在观念史上他没有沿袭的道路，同时获得一个人如何能够更好地解释宗教与政治相互联系的洞见，相比由宗教与社会分离仍然维持对宗教多样性和宽容的承诺所提供的。

考虑到这些理解上的困难，揭示他一贯的宗教理论是富有挑战的。通过研究紧随《论法的精神》出版和孟德斯鸠对"论法的精神"的变化而来的辩论，有些评论者已经试图揭示孟德斯鸠个人的宗教信仰。然而，孟德斯鸠自己的个人主张可能是一个持续的争议问题，聚焦于神学正统论的程度可能实际上会模糊其讨论所意欲的信息。这里，我们主要集中在孟德斯鸠如何设想政治权力和宗教权力的关系及其宗教宽容的论据上。这将表明，在《论法的精神》中，孟德斯鸠为宗教法和实证法（positive law）提供了强的论据，同时暗示它们最终是相容的，实际上根源于共同的源泉。这种暗含的相容性含义塑造了他的宽容承诺。

在《论法的精神》中，孟德斯鸠的宽容辩护又一次根植于他视为社会性最先目的的东西之中，但是他以一种更发达的方式提出论据，这允许他对通过社会性来证明的宽容实践设置限度。他注意到，由于社会秩序的理由，不仅政府应该宽容现存的宗教派别，而且政府必须保证那些派别彼此宽容。他支持宽容的更有力的声明以抗议信为形式。这里，孟德斯鸠提出了一系列反对不宽容的论据，包括用暴力推进信仰的无效性、作为对待无知的手段的不合理性以及其虚伪性。他提出，一种宽容实践与基督教价值和人类的基本价值和正义更加一致。通过指出宽容与时代精神更一致，他对人的权利有更大的承认。在这一点上，孟德斯鸠提供了有点折中的宽容辩护。然而，这些论据都根源于更一般的观念：宗教多样性不是威胁，宽容事实上对社会的善更有益。这来自他先前的论据——宗教必须被看做是对基本社会善的增强。

尽管有这些宽容的论据，在讨论公共权威管理这样一个政体的手段时，孟德斯鸠提倡一种宽容观念，这种观念受到证明它的目的的限制。限制来自以下事实，宗教与政治都基于在先的社会性目的。这个目的决定了宗教和政治中那些被视为可允许的东西。第一，他主张政治权威有权决定国家可以确立什么新的宗教。如果国家能够控制国家中宗教的确立，它不应该允许引入任何新的宗教。这样的理由可能本身是不宽容的，因为它是一种寻求在另一个国家确立自己强的存在的宗教。换句话说，为了推进应该引导宗教和政治的基本社会价值为利益，对被怀疑的不宽容是可允许的。第二，在对已经存在的宗教群体的管理中，我们必须尊重和推进对生命、居所和自由的根本需要。在一个宗教共同体否认这些基本需要中的某一种需要的时候，公民权威有理由进行干涉。证明在于以下事实，孟德斯鸠把宗教看做完全来自那些被否定的需要和基本的人类社会性的目的。除此以外，宗教被视为既由一套信仰又由宗教领导者组成，这一事实使一个人注意到腐化的可能性，或作为人类错误的结果会背离宗教基本的建议和目的。"最真正的和神圣的学说会具有可怕的后果，当没有辅之以社会的原则时；相比之下，最错误的学说可能会具有可取的后果，当它们与那些相同的原则相连时。"腐化的可能性确立了在这些主要事情上进行立法干涉的条件，尽管孟德斯鸠确实限制了国家所能做的事情。例如，他注意到，当允许新的派别进来时，一旦它们在国家中被确立，国家必须宽容它们。更重要的是，他证明可能的干涉的论证聚焦于可能具有有害后果的特定实践或礼仪。不像洛克那样，他没有在任何地方表明在原则上不应该宽容整个派别或群体，例如无神论者和罗马天主教徒。这部分来源于孟德斯鸠对所有宗教信仰能带来的社会益处的承认。

对于孟德斯鸠而言，国家允许（如果已经存在的）竞争派别的存在是不够的。同样重要的是，国家应该迫使不同的宗教共同体和个体公民宽容彼此。如果没有推进公民宽容的现实手段，政治宽容政策在推进社会秩序的目标上将是无意义的。"法律不仅要求这些不同的宗教不要扰乱国家，而且要求他们不要打扰彼此，这是有用的。"这可能也意味着提倡宽容宗教共同体自身中的派别主义，即提出法国教会当局内詹森主义（Jansenism）① 的宽容。这里，孟德斯

---

① 詹森主义是荷兰人康内留斯·奥图·詹森（Cornelius Otto Jansen，1585~1638）在罗马天主教内发动的一场宗教运动。其观点主要见于《奥古斯丁论》（*Augustinus*，1640），具体请参考网络版《大不列颠百科全书》相关词条，https://www.britannica.com/topic/Jansenism。

鸠提供了不是一种绝对的宽容论据，而是一种既要求国家和宗教遵循更为根本的原则（例如自我保存）又要求它们推动一般道德法则的论据。通过这些论据，孟德斯鸠建立了一种宽容理论，既限制国家和宗教，又尊重法国内部国家与罗马天主教教会之间的确定关系。通过这种方式，他希望克服 18 世纪主要的宽容论据的弱点。

这些主题进入孟德斯鸠关于詹森主义问题最充分的主张，即他的《宪政回忆录》（*Memoir of Constitution*）。这是写给国王的政策建议，在《论法的精神》五年后出版。孟德斯鸠通过区分"外在的宽容"和"内在的宽容"开始这部作品。"外在的宽容"是指允许宗教实践、仪式和信仰体系在主导文化之外公开存在，而没有对表达的宗教信仰的赞成意味。"内在的宽容"是指在自己的判断中认可和赞成其他信仰体系。孟德斯鸠主张当时的动荡部分根源于应用这种区分时的无能。

对于孟德斯鸠而言，外在的宽容基于公共秩序的需要，不涉及对于宗教群体信仰体系的明显挑战，因而更容易达到。相比之下，内在的宽容则要求在一定程度上认可其他信仰体系是宗教情感的合法表达，他感觉这种倾向对所有派别的信仰者都不可企及。他声明："罗马天主教如何能够赞成某种东西，根据其原则将把他人排除在救赎之外？"他的结论是，内在的宽容不能也不应该是公共政策的目标。

他指出，为了公共秩序宽容不同派别的实践这一国家政策并不附带要求对所有公民都实施内在的宽容。外在的宽容恰好适合法国天主教教徒的需要。"因此，我们不能怀疑生活在外在宽容法律下的国家中的天主教国民拥有天主教宗教所不赞成的内在的宽容，他们也不要怀疑自身。"把宽容限制为其外在形式的证明使政治承受不起为神学所统治，因为它必须主要回应所有政府得以建立的那些独特原则。通过这条论证路线，孟德斯鸠寻求不只为詹森主义者，也为天主教徒和犹太人开创一种更宽容的政体，同时不否认或贬低君主政体独特的罗马天主教性质。

虽然他对公共秩序的聚焦可能将论据比作政治的论据，但是，通过设计一种更广泛的框架，把宽容和对既定宗教信仰的尊重视为那一目的的组成部分，而不仅仅是工具性的，孟德斯鸠不同于这条政治的思考路线。此外，他更关注国王良心的圣洁。孟德斯鸠主张，神学家的争论或不同宗教利益之间的冲突不应与国王的良心产生直接的牵连。通过强调国王内在良心对于他与上帝关系的重要性，孟德斯鸠可以减弱某些公共行为对于国王与上帝关系的影响程度，例如允许宽容。"直到《南特敕令》的废除，尽管我们的国王对胡格诺派给予了外在的宽容，但是一个人不能说他们不是好的天主教徒，也不能说他们对胡格诺派拥有内在的宽容。"通过这种方式，国王免于严格的控制，减轻了某些问题上来自宗教精英主张的压力，但是这仍然由传统的宗教限制所把握。通过此论据，孟德斯鸠既寻求把国王与宗教精英和天主教等级的直接影响分离开来，又不否认君主制传统的天主教性质。这种策略维持宗教准则作为其权威的重要限制，同时继续假设把国王视为天主教教会的重要领袖。

作为对詹森主义所提问题的实际回应，国王颁布通谕，同时在迫害的威胁下限制进一步讨论这个问题。这是国王维持教皇诏书合法性（因而再次确认他在法国教会中的领导地位）的方式，然而事实上也是抑制更高的神职人员强迫他的一种方式。孟德斯鸠认为这是推进公共平静和压制冲突的最好方式。

孟德斯鸠并不支持教会与国家分离。他不能否认法国天主教教会的主导地位及其与君主制的纽带这一事实。事实上，他看到这一纽带是自由的一个重要方面，因为宗教可以作为对统治者过度热衷于权力和控制的一种限制。因此，宗教有公共角色要担当。然而，在这些限制内，他寻求设计一种也允许宗教多样性和宽容的理论。将宗教和政治建立在由人类社会性所规定的优先目的上的框架允许他建构一种理论，其中宗教和政治的目的被视为最终是相容的，即使是不同的。这有助于形成他的宽容论据，因为他可以主张，完全不同的宗教实践都可以以自己的方式为整个社会的善做出贡献。它可能被看做是一个天真的论据。然而，孟德斯鸠非常清楚其中所包含的复杂性，因为一个人自身信仰的整体性和可信度有时可能与接受其他信念相冲突。因为这个原因，他强调宽容不同于赞成，而是一种类似认可的方式。

虽然可能会对与现代实践相比似乎有限的宽容范围不甚情愿，但是我们仍然赞赏这个论据所表达的更大框架。特别是，孟德斯鸠提供了一种从共享目的重新思考宗教与政治关系的方式。虽然这可能与现代民主宗教与政治需要分离的重要直觉相悖，好像它们来自完全不同的原则，也许一种有着对这种相互联系更深感受的理论更适合在它们的利益相互重叠的时候和需要某些指导的地方提供某种方向。

6 伏尔泰：人的弱点与宽容

《论宽容》、《哲学辞典》和《无知的哲学家与天才的哲学家》在一定程度上处理的都是不宽容这一主题。在出现于 1764 年第 1 版的《哲学辞典》的"宽容"词条中，伏尔泰把许多反对基督教不宽容的有着松散联系的论据放在一起。宽容是"人类的特权。我们都是由弱点和错误塑造成的。我们要彼此原谅我们的愚蠢言行，这就是第一条自然规律"。首先，他强调人的软弱性和犯错的不可避免这一主题，声称这些应该启发我们彼此的谦逊和克制。这个词条与《论宽容》和1766年讨论更广泛问题的《无知的哲学家与天才的哲学家》共享同一主题。其次，这一词条暗示，尽管期货交换的交易只是功利的，但是事实上会在参与交易的人中间产生好意的情感，不管他们可能属于何种宗教，这与基督徒对待彼此的野蛮方式形成了反比（伏尔泰在1734年《哲学书简》第6章中触及这个问题）。这个词条对基督教的行为发起了进一步的攻击，并以圣巴托罗缪之夜（St. Bartholomew Day）的屠杀例子作结。《论宽容》也类似地描述了直到18世纪基督教的压迫性，将此与希腊人、罗马人和希伯来人的正直相比较。（这里，伏尔泰宣布摩西无罪，而在《哲学辞典》中摩西被发现犯下了可能最坏的罪行。）

伏尔泰把宽容视为一种美德，因为他意识到，不管其宗教信仰为何，所有公民都同样对社会组织的善做出贡献。通过这一点，他似乎意味着，如果所有公民都遵守法律、纳税、在经济上和社会上有助于国家的稳定，那么他们的宗教关系是无关的。另一方面，狂热会导致社会动荡，浪费国家资源。

他利用来自奥斯曼帝国、波斯、俄国和中国的证据来表明欧洲的不宽容不仅导致恐怖的死亡和战争，而且不同于非欧洲社会向不太相同的宗教信仰所表示的宽容。这是一个有力的观点：18世纪是欧洲启蒙运动时期，欧洲的科学技术与世界其他地方相比更为发达；因此，欧洲人应该把自身看做高于世界上不太发达的区域。然而，伏尔泰寻求证明在非欧洲社会良心自由被宽容以及在多个世纪里一直被宽容。对此有一个实际的要素：日本的耶稣会会士表现异常的狂热和不宽容，日本关闭了它与法国的贸易联系——在伏尔泰眼中，这显然伤害了法国的经济，应该被避免。伏尔泰非常明确地总结了自己的观点："好的宽容永远不会导致国内战争；不宽容使地球充满杀戮。"

伏尔泰主张，派别纷争所导致的动荡和杀戮有着不幸的社会经济影响。这里，伏尔泰是指对大多数"工业工人"实施什么样的宗教并没有关系。在他看来，宽容许多受制于法律限制的不同派别也会保证每种派别变得不那么危险和狂热。他将宽容与"温和的和人道的理由相连。它激发慷慨，压制纷争，增强美德"。以其优雅的方式，伏尔泰指出嘲笑不是反对暴力的派别主义者的最好武器。他再一次主张，这不是为了国家鼓励宗教狂热的利益。

7 卢梭：尊重他人与宗教宽容

尊重人的论据存在于卢梭的著作中。第一，卢梭在其政治哲学中的关注不只是社会中的好秩序，而且是好社会。这马上标识出与前面讨论的 17 世纪哲学家的对比。对于卢梭而言，不宽容的错误之处不止或者不是主要在于其促进社会不安和混乱的趋势，而在于它对于社会上其他人表示的蔑视。如登特（Dent）表明的，对于卢梭而言，宽容的存在并不简单的就是不宽容的缺席。"宽容是一个积极欢迎和珍视人的个人性的问题，那是心灵和生活精神整体性的表达，通过给予每个人对其价值的根本信心以及作为人有着为自己创造生活的生活的价值。"这标志着卢梭解释中第二个重要的观点，即赋予个人性和多样性的价值。在显示对人的尊重的时候，人们因而显示出对他们个人差异的尊重——对他们的多样性。因此，17 世纪的作家看到宽容的价值在于其促进社会秩序的倾向方面，卢梭则将宽容视为对他人及其观点的尊重的表达，即使那些不同于自己观点的观点。在这种解释中，我们既找到对宽容内在价值的确认，也找到对多样性的价值的解释。多样性受到重视，不只是作为审美偏好，而且是作为尊重他人的一个重要伴随物，因为尊重他人就是尊重彼此的不同、尊重不同于自己的方式。

卢梭自己也致力于宽容和狂热的问题，梅森（Mason）考察了日内瓦公民在反对宽容无神论者的社会契约中的论据。虽然卢梭一般将公民宗教的范围限制为公民的行动，允许信仰和个人良心的自由，可他对无神论者做了一个令人惊讶的例外。梅森提到，卢梭对没有信仰的批评基于以下事实：他认为无神论者是对社会契约和法律尊严的侵犯，因而是对政治共同体本身的基础的攻击。

如塞乌贝（Seube）提到，卢梭提出了一种世俗的宽容，包含七个逻辑论据。

第一，所有人需要价值为其生活提供意义和秩序。

第二，政府需要持有道德价值的人，因此他们不会彼此不断的斗争，而会遵守来自公意的法律。

第三，"真正的"基督教是支持这样一个社会的一种可能的道德体系，但是它只宣讲奴役和依赖，以至于它的追随者"被制造成奴隶"，而不是真正的公民。

第四，许多实际的基督教是"明显坏的"，因为它以其对教会和国家双重的忠诚诉求"摧毁了社会统一"。

第五，因此，"君主应该确定"新的公民宗教的"条款"。政府应该创造一个道德体系，对其统治和制造守法的公民有用，但是不应该称之为宗教。应该把它作为所有体面的人为了成为好公民都必须持有的"社会情感"来教导。如果有人不能接受这种情感，那么他们不可能是好公民，必须被驱逐。

第六，"宽容必须给予所有宽容他人的宗教，只要它们的学说不包含任何有悖于公民义务的东西。"

第七，虽然他在论证的这一点上没有再次强调它，上面的第四条论据是实际的基督教教条摧毁了社会统一，因而"有悖于公民义务"，因此实际的基督教事实上不应该被宽容。

因此，卢梭提议宽容一切，除了实际的基督教。卢梭并不宽容不喜欢的东西，如在现实世界中起作用的那个基督教，也不大喜欢它"真正的"形式，因为它看上去像推进奴役。不管何种方式，基督教分割权力，使国家变得不太有效率。宗教自由比卢梭的世俗宽容更强大。虽然后者为共同体坚持一种单一的"社会情感"，前者追随联邦主义者，允许根本不同的宗教信仰，实际上多种多样的基督教派别要求这一点，只要人们遵守法律和支持自明的真理。

8　康德：宽容与启蒙

在《什么是启蒙？》（1784）中，康德（Kant，1724～1804）支持一种开明的政治权力形式，这种权力允许国民彼此争论，只要他们服从权威。这一立场在康德《永久和平论》的主张中得到了进一步明确，应该允许哲学家并鼓励哲学家公开谈话。其中，康德的观点是公开辩论和讨论导向真理，国王一点也不用害怕真理。康德关于宗教宽容的观点在《单纯理性范围内的宗教》（1793）一书中得到明确。尽管我们确信道德义务，但是人对上帝的命令没有无可置疑的确信，通过指出这一点，康德反对宗教不宽容。因此，要求违背道德的宗教信仰（例如烧死异教徒）永远不能获得证明。

奥尼尔（Onora O'Neill）主张，按照康德的观点，宽容不是手段："在康德的著作中，宽容不是一个派生的价值，而是只有在真实合理的信念的价值和涉及自我问题上的自由的价值被确立之后才确立的价值。他宽容地称为'理性的公开使用'的东西的论据既不是在先地假设既定的合理性标准，也不是假设任何一组自我关注的个人行为具有特别的重要性。"① 受惠于奥尼尔对康德理性公共使用观念的分析，但我不同意她的论据——宽容具有内在价值。从康德的视角看，"为了宽容而宽容"听起来不怎么正确。因此，在康德那里，宽容只是手段而不是目的本身，它是启蒙这一目的的手段。启蒙（或充分地实现理性）本身是目的，而不是宽容。除此之外，康德哲学中的理性在性质上不是宽容，理性对偏离理性毫不宽容，因此声称宽容对于康德具有内在价值是不对的。

宽容原则对康德的理论是重要的。他主张，因为可能包含许多不同的善观念，所以我们应该允许公民追求他们选择的目的，而不受国家或其他公民的干涉。只有通过提供这样的自由，一个人才能获得自我发展和自我实现所要求的条件，从而为每个公民提供他作为自由而平等的主体所应受的尊重。然而，值得指出的是，与当今自由主义宽容理解有关，早期自由主义的宽容论据在其范围上非常有限。这主要是早期自由主义者生活的社会的不同性质的功能导致的。尽管他们对宽容多样性有着巨大的理论关注，但是这个时期的现实所要求的宽容远少于康德或密尔所主张的宽容：康德写作的社会在伦理和宗教信仰方面大体上是同质的，因此能够相对轻易地满足宽容观念所内在的国家中立的要求。

然而，同样的东西不能用于现代宪政民主。随着时间的推移和

---

① O'Neill, "The public use of reason", *Political Theory*, 1986, 14（4）: 523.

自由主义社会的演化，一种单一的正义观念必须试图适应竞争的善观念，其数量和多样性已经增长到康德不能预见的程度。接下来，自由主义理论家修改了康德的学说，尝试提出多种正义观念，这些正义观念包含更好地适应当今现实所要求的增强的宽容程度。原先对宗教宽容的关注焦点扩大到包括道德和哲学信念，关注的范围也扩大到包括社会之间和社会内的宽容。尽管支持宽容的原理时而不同——例如它对于实现真正的个人自由是必不可少的；每个人都值得享有它；因为不可能知道"真理"，它被证明是正当的——一般来说，所有自由主义的形式都共享以下信念：宽容"并不要求削弱确定性、信心或对自身信念和价值的承诺"。对宽容的辩护仍然是许多自由主义理论家的主要关注，是所有正义观念的基本组成部分。

9 莱辛：作为尊敬的宽容

与法国启蒙运动的领导者一样，莱辛（Lessing，1729～1781）是宗教宽容热情的倡导者。在戏剧《智者纳旦》中，莱辛将薄伽丘《十日谈》中的故事加以改编发展，创造了"三个戒指"这一著名的寓言，借以表达自己的宗教宽容和人道主义观点。寓言的内容是这样的：有个人拥有一枚戒指，这枚戒指可以使主人成为上帝和人类的"宠儿"。这枚戒指代代相传，人们都把它传给最心爱的儿子。带上这枚戒指就可以成为家族中的统治者。戒指传到一个老人的手上。他有三个又孝顺又能干的儿子，老人对他们一视同仁，他们对他来说也一样重要，他实在不知道应该把戒指传给谁。在快要去世前，他秘密命令一位巧匠打造了另外两枚一模一样的戒指。在死前，他分别把三个儿子叫到床前，给他们每人一枚戒指，并祝福他们，然后就去世了。三个儿子拿着各自的戒指，互相争吵，都认为自己才是家族的统治者。他们来到法官面前，请他辨别真假。法官认为，真正的戒指可能丢失了，因为三个人的争吵说明戒指没有发挥魔力。法官给出一个建议，他们可以相信各自戒指的魔力，并通过一种宽容、敬神、人道的生活态度来证明这种魔力。几千年后，一位更明智的法官会回答"哪一枚戒指是真的？"这个问题。

莱辛以三个戒指难分真伪来比喻基督教、犹太教和伊斯兰教"三教"，承认三教"各具至理，别无短长"，为此主张三教平等，人们对它们应该一视同仁、平等善待。[①] 在这个意义上，莱辛对德国犹太人具有十分特殊的重要性。波尔科斯基（Bolkosky）写道："启蒙运动时期似乎没有一个人像莱辛一样把他的心灵和一般的哲学原则如此明确、如此具体地向犹太人讲明。《犹太人》和《智者纳旦》反对宗教不宽容，在欧洲舞台上第一次把犹太人没有呈现为滑稽的或者极坏的，而是具有人的和高贵的品质。莱辛的宽容是独特的，即使对于启蒙运动而言。"

如卡西尔（Ernst Cassirer）看到的，莱辛的宽容是一种作为尊敬的宽容。"在《智者纳旦》产生之后，这种尊敬似乎是明显的，德国犹太人对所有一切很感激。"同样的情感在 1930 年仍然存在。"莱辛看到了历史、传统、语言、共同命运和共同的信念和理想在民族构成上的重要性。"在《智者纳旦》中存在着犹太人和基督教之间有机联系的观念：在这里，《旧约》和《新约》被作为人类两个相继的教科书。

莱辛为宽容提供的一个理由是人的价值不依赖于他的信仰是不是真的，而在于他为了获得真理付出了多少辛劳，论据如下："如果

---

① 卓新平：《西哲剪影：爱智集》，中国社会科学出版社，2011，第 155 页。

上帝右手握着所有真理，而左手握着对真理的永恒追求，那么我会总是和持续是错误的，对我说，请选择，带着谦卑我会抓着左手说，吾父，给我这只手；绝对的真理只是为你一个人。"需要指出的是，莱辛对表达在《犹太人》或《智者纳旦》中的宽容观念的支持本质上是真正的基督徒的爱的实际应用。

第六章　现代西方哲学中的宽容思想：自由主义宽容及其批判

19世纪，密尔的《论自由》标志着向现代宽容观念的转变，宽容不再被限制在宗教差异上，宽容也被用来处理其他文化、社会和政治的多样性。20世纪的血腥历史让许多人认为需要宽容来结束政治和宗教暴力。宽容得到许多人的捍卫，例如伯林（Isaiah Berlin）、沃尔泽（Michael Walser）和罗尔斯。但是，它也受到来自各方面的批判。

1　密尔：不伤害原则、可错论、功利主义与个性

密尔（John Stuart Mill，1806～1873）的《论自由》（1859）一书标志着西方宽容观念已过渡到现代，这种观念不再专注于宗教和谐问题，并且宽容问题不再限于宗教差异。在密尔眼中，在现代社会，宽容被要求处理其他形式的不可调和的文化的、社会的和政治的多样性。密尔提供了四个主要的宽容论据。

首先，按照"不伤害原则"，只有当防止另一个人对一个人实施的严重伤害是必要的，政治或社会权力的实施才是合法的，不能以家长制的形式强加某种善观念。"人类之所以有理有权可以各别地或

者集体地对其中任何分子的行动自由进行干涉，唯一的目的只是自我防卫。这就是说，对于文明群体中的任一成员，所以能够施用一种权力以反其意志而不失为正当，唯一的目的只是要防止对他人的危害。……要使强迫成为正当，必须是所要对他加以吓阻的那宗行为将会对他人产生祸害。任何人的行为，只有涉及他人的那部分才须对社会负责。在仅只涉及本人的那部分，他的独立性在权利上则是绝对的。对于本人自己，对于他自己的身和心，个人乃是最高主权者。"① 根据这个不伤害原则，密尔进一步指出了人类自由的适当领域，具体包括：第一，意识的内向境地要求最广义的良心自由、要求思想和感想的自由；要求（实践的、思考的、科学的、道德的或神学的等一切题目上的）意见和情操的绝对自由。第二，这个原则要求趣味和志趣的自由，要求有自由订定自己的生活计划以顺应自己的性格，要求有自由照自己所喜欢的去做，当然也不规避会随之而来的后果。第三，个人之间相互联合的自由。人们有自由为了任何无害于他人的目的而彼此联合，只要参加联合的人是成年人，且不是出于被迫或被骗。② "唯一实称其名的自由，乃是按照我们自己的道路去追求我们自己的好处的自由，只要我们不试图剥夺他人的这种自由，不试图阻碍他们取得这种自由的努力。每个人是其自身健康的适当监护者，不论是身体的健康，或者是智力的健康，或者是精神的健康。人类若彼此容忍各照自己所认为好的样子去生活，比强迫每人都照其余的人们所认为好的样子去生活，所获是要较多的。"③

---

① 〔英〕约翰·密尔：《论自由》，许宝骙译，商务印书馆，1959，第10～11页。
② 〔英〕约翰·密尔：《论自由》，许宝骙译，商务印书馆，1959，第14页。
③ 〔英〕约翰·密尔：《论自由》，许宝骙译，商务印书馆，1959，第14页。

其次，以认识论上的可错论，"我们永远不能确信我们所力图窒闭的意见是一个谬误的意见；假如我们确信，要窒闭它也仍然是一个罪恶"。第一，试图用权威加以压制的意见可能是正确的，想要压制它的人否认它的正确性，但是这些人不是不可能错误的。第二，不论公认意见多么正确，若不时常经受充分的讨论，那么人们只是把它作为死的教条而非活的真理而持有它。在缺乏讨论的情况下，不仅意见的根据被遗忘，而且意见的意义本身也常常被遗忘。表达意义的字句不再提示什么观念，或者只提示它们原来所用来表达的观念的小部分。鲜明的概念和活生生的信仰没有了，取而代之的只有一些陈套中保留下来的词句；或者，如果说意义还有什么部分被保留下来，那也只是意见的外壳和表皮，精华丧失殆尽。第三，两种相互冲突的教义共同分享真理。公认的教义仅仅体现真理的一部分，于是需要分歧的意见来补足。一方面，"在非感官所能触到的题目上，流行的意见往往是真确的，但也很少是或者从不是全部的真理。它们乃是真理的一部分，有时是较大的一部分，有时是较小的一部分，但总是被夸张，被歪曲，并被从其他一些应当相伴随相制约的真理那里分离开来。另一方面，异端的意见则一般总是某些被压制被忽视的真理，突然摆脱了缚倒它的锁链，不是对通行意见中所含真理谋求调和，就是把它摈为敌方而以同样的排他性自立为全部真理"。①

再次，按照功利主义考虑，不只是正确的观念，错误的观念也可以导致生产性的社会学习过程。"假如那意见是对的，那么他们是被剥夺了以错误换真理的机会；假如那意见是错的，那么他们是失

① 〔英〕约翰·密尔：《论自由》，许宝騤译，商务印书馆，1959，第53～54页。

掉了一个差不多同样大的利益，那就是从真理与错误冲突中产生出来的对于真理的更加清楚的认识和更加生动的印象。"①

最后，对不寻常的"生活实验"的宽容以一种浪漫主义的形式得到证明，强调个性和原创性的价值。"生活应当有多种不同的试验；对于各式各样的性格只要对他人没有损害应当给以自由发展的余地；不同生活方式的价值应当予以实践的证明，只要有人认为宜于一试。总之，在并非主要涉及他人的事情上，个性应当维持自己的权利，这是可取的。"②

2　罗尔斯：合乎理性与宽容③

与《正义论》寻求一种完备性的公平正义观不同，罗尔斯《政治自由主义》寻求的是一种有效规导社会基本结构的政治正义观念。它独立于任何完备性学说，旨在成为公民所认可的各种合乎理性的完备性学说之重叠共识的核心所在。与完备性自由主义到政治自由主义的理论转向相联系，罗尔斯的宽容论证也因此发生了改变。完备性自由主义者从个人自主来论证宽容，但是现代民主社会的理性多元论事实告诉我们，期待所有公民都会认同个人自主的内在价值是不现实的。因此，要保持社会的统一和稳定，我们得求助于个人自主以外的价值。罗尔斯意识到这点，并做出了积极的回应，那就是转向合乎理性。合乎理性包括两个方面：一是提出并遵守公平合作项目的意愿，假如别人也这么做的话；二是认识并承担判断的负

---

① 〔英〕约翰·密尔：《论自由》，许宝骙译，商务印书馆，1959，第 19～20 页。
② 〔英〕约翰·密尔：《论自由》，许宝骙译，商务印书馆，1959，第 66 页。
③ 本部分内容笔者原以《合乎理性与宽容》为题载于 2007 年第 5 期《华东师范大学学报》（哲学与社会科学版）第 75～79 页。

担对于公共理性的后果的意愿。理性多元论事实是宽容之所以必要的主观环境，而有理性的人所坚持的相互性理念与承担判断的负担的后果的意愿使得他（她）做出宽容的承诺。

（1）理性多元论事实

现代民主社会的特征之一是理性多元论的事实，即合乎理性却又互不相容之完备性学说的多样性事实。在现代民主社会里，合乎理性的完备性学说的多样性不是一个很快会消失的纯粹的历史状态，而是公共文化的一个永久性特征。在获得自由制度的基本权利和自由之保障的政治条件和社会条件下，如果还没有获得这种多样性的话，也将会产生各种相互冲突、互不和谐的——而更多的又是合乎理性的——完备性学说的多样性，并将长期存在。① 理性多元论不同于一般多元论。在自由制度下，学说和观点的多样性是正常的，但是正如各个民族有各个民族的利益一样，这些学说和观点是出于狭隘的自我利益，这只是一般多元论。与之相对，理性多元论事实是指各种合乎理性的完备性学说的多样性。人们之所以坚持这些完备性学说，并不是出于狭隘的自我利益或者民族利益，而是在自由制度框架内运用理性的一种可期待的自然结果。

政治哲学的目标依赖于它所应对的社会。罗尔斯认为，因为理性多元论事实长期存在，所以政治自由主义的问题在于：一个因各种尽管互不相容却合乎理性的宗教学说、哲学学说和道德学说而产生深刻分化的自由平等公民之稳定而公正的社会如何可能长期存在？② 也就是说，在现代民主社会中，人们如何在存在理性分歧的情

---

① 〔美〕约翰·罗尔斯：《政治自由主义》，万俊人译，译林出版社，2000，第37页。
② 〔美〕约翰·罗尔斯：《政治自由主义》，万俊人译，译林出版社，2000，第5~6页。

况下找到一种和平共存的方式？宽容的目标正在于让人们在差异中共存，理性多元论事实因而也就成为宽容之所以必要的主观环境。如果社会具有高度的同质性，宽容没有存在的必要；相反，只要社会存在差异和分歧，宽容就有存在的必要。在现代民主社会，不同的且合乎理性的完备性学说之间相互竞争，在利益和观念领域都展开了激烈的争论。其中，一些观念领域的分歧并不能用非理性来解释，因而不能简单用强迫接受或者压制的做法，而只能是首先容忍异见，进而再去探寻解决分歧的途径。

（2）合乎理性与宽容

合乎理性是一个难以理解的理念，无论是把它应用于个人、制度还是应用于学说，都容易变得模糊不清。因此，为了减少这种模糊性，通过把合乎理性作为一种社会平等合作的个人德性，罗尔斯确定了合乎理性的两个方面。

第一，提出并遵守公平合作项目的意愿。即在平等的个人中间，当他们准备提出作为公平合作项目的原则和标准，并愿意遵守这些原则和标准时，假定我们可以确保其他人也将同样如此，则这些个人在此一基本方面就是理性的。这里体现了相互性理念（idea of reciprocity），这一理念介于公道理念（idea of impartiality）与互利理念（idea of mutual advantage）之间。其中，公道理念是一种受普遍善驱动的利他主义，互利理念则被理解为"相对于人们现在的或预期的实际境况来说，每一个人都可得利"，而主张相互性理念的有理性的人是为一种社会世界本身的欲望所驱动。① 他（她）有着一种特殊的道德敏感性，愿意与其他平等的人在所有人都能接受的项目上进

---

① 〔美〕约翰·罗尔斯：《政治自由主义》，万俊人译，译林出版社，2000，第52页。

行公平合作。因此，有理性的人不会从纯粹的自我利益出发，而会努力求得利己与利他之间的平衡，最终与别人一起得利。如果人们打算介入合作方案，却又不愿意遵守甚至不愿意提出任何规定公平合作项目的一般原则或标准，那么他们是不合乎理性的。因为一旦条件允许，如果侵犯这些公平合作的条款符合他们的利益，他们就会侵犯。[①] 对公平合作条款的侵犯就是放弃相互性承诺，这最终将使有理性的人之间的公平合作成为不可能。

第二，"判断的负担"。即使有理性的人严格遵守相互性承诺，相互之间以理相待，分歧还是会出现。罗尔斯的解释是，合乎理性的分歧的根源是这样一些风险，它们包含于我们在政治生活的日常进程中正确地（和尽责地）运用理性和判断的能力之中。[②] 这就是判断的负担，认识判断的负担并承认它们对于公共理性的后果，这是有理性的人的第二个基本方面。罗尔斯列举了六种在理性运用中出现的"判断的负担"。

其一，有关该情形的证据——包括经验的和科学的证据——乃是相互冲突的和复杂的，因而很难给予估价和评价。

其二，即使我们对这些相关的考虑完全达到一致，我们对它们的分量也会产生分歧，因而会做出不同的判断。

其三，在某种程度上，我们所有的观念（不仅仅是道德的观念和政治的观念）都是暧昧不清的、很难处理的；而这一不确定性意味着，我们必须依赖于理性个人可能在某些范围内（这一范围不是十分具体明确）产生分歧的判断和解释（以及有关这些解释的判断）。

---

① John Rawls, *Political Liberalism*, New York: Columbia University Press, 1996, p. 50.

② John Rawls, *Political Liberalism*, New York: Columbia University Press, 1996, pp. 55 – 56.

其四，在某种程度（我们无法说出这程度究竟有多高）上，我们估价证据和衡量道德价值与政治价值的方式，是由我们的总体经验或我们迄今为止的整个生活过程所塑造的，而我们的总体经验必定总是互不相同的。

其五，对争论双方，常常存在着不同种类并带有不同力量的规范性考虑，所以难于做出一种全面的估价。

其六，任何社会制度体系在其所允许的价值方面都有限制，所以，人们必须在整个有可能实现的道德价值和政治价值范围里进行选择。这是因为，任何制度体系似乎都是一个限制性的社会空间。由于我们被迫在各种为社会所培植起来的价值中间进行选择，或者说，当我们坚持某几种价值且必须顾及别人的要求而约束我们的每一种价值选择时，我们在安排价值选择的先后顺序和进行价值选择调整的过程中，就面临各种巨大的困难。许多艰难的决定可能没有任何明确的答案。①

在这些达到一致判断的困难的根源中，有些是与完全合乎理性的判断相容的，而不是因为人们执着于偏见、自我利益和群体利益，或者无知，或者进行了一种错误的推理，当然这些也会导致人们之间的分歧。"判断的负担"使得有理性的人之间的分歧是合乎理性的，这也就解释了为什么理性多元论事实是可以预期的，而不是民主社会的灾难。因为如果把理性多元论看成灾难的话，意味着即把理性的运用本身看成一种灾难。显然，理性是自启蒙运动以来现代性的一个成就，这一点在自由主义内部已是共识。

在确定了合乎理性的两个方面后，罗尔斯明确了合乎理性与宽

---

① 〔美〕约翰·罗尔斯：《政治自由主义》，万俊人译，译林出版社，2000，第59~60页。

容的基础。宽容是指行为主体对他（她）不赞成或不喜欢的人及其信念有能力干涉却不干涉的一种克制，而宽容的论证则是这样的，我们能否把我们认为正确的主张强加于行为对象之上，因为我们认为他们的主张是错误的？在我们所讲的语境中，行为主体是指有理性的人，而行为对象是指完备性学说。宽容的论证也就成了有理性的人能否把自己真诚地相信为真的完备性学说强加于另一个有理性的人。如果从真理入手，显然这种强迫接受是正当的。但是，如果从合乎理性的角度看，则这种强迫是不能获得证明的。因为，相互性标准告诉我们，从自己所赞成的完备性学说出发来证明强加的正当性，是对相互性标准本身的侵犯；而"判断的负担"也限制了有理性的人以为可以对他人提出正当合理性证明的范围。罗尔斯认为，"对于一种民主宽容的理念来说，这些判断的负担有着最重要的意义"。① 在此，将重点从"判断的负担"来检视合乎理性与宽容的关系。

首先，因为"判断的负担"，拥有不同理性的人在某一问题上会得出不同的判断。例如，针对是否应该限制攻击性言语，因为"判断的负担"，有理性的人会得出不同的结论。如果从言论自由的角度看，我们不应该限制，而不管言论的内容以及引起的后果；如果从不伤害原则来看，我们应该限制攻击性言语，因为这些言语对言语所针对的对象造成了伤害，但是，在这个阵营内部，人们在"何谓伤害"及"何种伤害"等问题上还是会出现分歧。"判断的负担"的一个明显后果是有理性的人并不都认可相同的完备性学说。每个有理性的人所认可的是众多完备性学说中的一种，在众多的完备性

---

① 〔美〕约翰·罗尔斯：《政治自由主义》，万俊人译，译林出版社，2000，第 61 页。

学说中认可其中的一种，并不是不合乎理性的；我们所认可的这种是合乎理性的，另一个有理性的人认可另一种也是合乎理性的。而且，就如我们在坚持某种完备性学说的同时可能会相信它为真一样，其他有理性的人也可能会有这样的要求。但实际上，在有理性的人从各自的完备性学说出发得出的相互冲突的判断中，有些判断可能为真，有些可能为假，甚至可能都为假。在现代民主社会中，宽容不再与真理必然相联，而主要是奠基于合乎理性之上。因此，只要支撑这些判断的完备性学说是合乎理性的，而且分歧也是合乎理性的，那么我们就应该宽容。

其次，因为"判断的负担"，理性多元论事实成为民主社会的永久性特征。一方面，这意味着，任何一种现存的完备性学说都不可能获得全体公民的一致认可。另一方面，这意味着在民主社会的公共文化中缺乏一种适用于各种完备性学说的公共的和共享的证明基础。此时，我们所能做的就是超越各种完备性学说，寻求一种能为所有公民认可的政治正义观念。这种正义观念既不能从某种完备性学说中推导出来，也不能是某种完备性学说的一部分，而应该是一种自立（free-standing）的观点。而且，这种观念不能有真理的诉求，而应该把自己当作一种合乎理性的观念。也就是说，它既不能是现有的完备性学说的延伸或扩展，也不能是一种代替现有的完备性学说来解释人的整个生活的价值和意义的新的完备性学说，更不能自诩是判定各种完备性学说的正确与错误的权威。它只能限于在宪法根本和基本正义范围之内，尽可能地依赖于现在已为公民广泛接受或者普遍适应于公民的那些朴素真理，从而提供一个公共的证明基础，并寻求进一步在它所规导的社会中得到各种合乎理性的完备性学说的重叠共识的支持。在上述两种情况下，我们都需要把宽容原则运用到哲学本身。

总而言之，因为"判断的负担"，我们不能期待有着充分理性能力的尽责的（conscientious）个人都能得出同样的结论，即使是经过自由讨论之后，也不能期待从任何一种现有的完备性学说出发得出一种能为所有公民接受的正义观念。[1]"判断的负担"解释了为什么做出了相互性承诺的有理性的人之间还会出现分歧，而不能简单地把别人与我们不同的观点视为愚蠢的、有害的，甚至是错误的。因为意识到并愿意承受"判断的负担"的后果，有理性的人才能够既严肃对待自己完备性的宗教学说、哲学学说和道德学说，同时又基于合乎理性做出宽容与之相左的完备性学说的承诺。

（3）罗尔斯宽容观的局限性

合乎理性为个人宽容提供了基础。只要有理性的人与他（她）所认为持有错误观点的人之间的分歧是合乎理性的，那么如果他（她）把自己的善观念强加于对象之上，就是不合乎理性的，因此应该宽容。同样，合乎理性也为政治宽容奠定了基础。既然公民之间在完备性学说上的分歧是合乎理性的，那么利用政治权力去压制其中的一种完备性学说，而偏好另一种，就是不合乎理性的，因而政府要反对"完善论"，对这些学说采取一种中立的立场，做出对宽容的承诺。但是，合乎理性的论证能否具体指导实际生活中的宽容问题？这种宽容观能否对当今少数群体的认同诉求做出充分回应？对于这两个问题，答案都是否定的，这正是罗尔斯宽容观的局限所在。

---

① 〔美〕约翰·罗尔斯：《政治自由主义》，万俊人译，译林出版社，2000，第55～56页。

首先，宽容的论证问题。沃尔德伦（Jeremy Waldron）在《宽容与合乎理性》（*Toleration and Reasonableness*）一文中指出在现实生活中存在不可同时可能的问题（problem of incompossibility），即在一些困难的宽容问题上，我们并不知道谁应该让步，而这个问题将妨碍对宽容的基于合乎理性的论证。在民主社会中，存在这样的情况，就是一个有理性的人追求其目的会妨碍另一个同样有理性的人充分地追求其目的。当两者发生冲突时，合乎理性的两个方面却不能告诉我们，如果以宽容的名义，谁应该做出让步。① 举例来说，一个是喜欢生产和消费色情作品的热心的色情作品作家，一个是绝对反对色情作品的虔诚的穆斯林，一个是偶尔消费色情作品但不会去公开索求色情作品的世俗人文主义者。三者同处于民主社会之中。其中，色情作品作家改变了以前疯狂的想法，认为应该对色情作品的公开展示进行一些限制，因此与世俗人文主义者能够彼此宽容；而穆斯林也从最开始不能容忍非信仰者的存在变成了能够认可他们的存在，因此与世俗人文主义者也能够彼此宽容。但是，色情作品作家和穆斯林却不能彼此宽容。穆斯林认为色情作品作家的行为侵犯了他的信仰，并且污染了社会环境，因此主张禁止色情作品；而色情作品作家认为，如果禁止色情作品，这将阻碍他在（有限的）公共空间里追求肉体享受。谁应该让步？假如其中一方不合乎理性，那么两者发生冲突时，不合乎理性的一方应该让步。但是，在这个例子中，双方都是合乎理性的。他们都接受"判断的负担"带来的后果：穆斯林主张的判断的负担是，因为道德概念的模糊性，我们在如何生

---

① Waldron, Jeremy, "Toleration and Reasonableness", in Catriona McKinnon and Dario Castiglion, eds. , *The Culture of Toleration in Diverse Societies*, Manchester & New York: Manchester University Press, 2003, pp. 13 – 37.

活上得求助于解释的力量；而色情作品作家求助的判断的负担是，我们的总体生活互相不同，这将影响到我们的性道德观念。而且，他们在冲突的过程中也已经表现出提出并遵守公平合作项目的意愿。色情作品作家意识到，色情作品的创作和享用应该限制在得到允许的范围之内；穆斯林也已经意识到，并不是所有理性的人都会分享他的信仰。但是色情作品作家还是坚持有权在有限的场所创作和消费色情作品，而穆斯林还是拒绝接受这种权利的存在。合乎理性能解决世俗人文主义者与色情作品作家、世俗人文主义者与穆斯林之间的宽容问题，因为他与另外两个人的冲突可以通过某种方式来缓和，这种缓和不会损害他的生活目标所必需的条件。色情作品作家和穆斯林则都认为，肯定对方的生活方式就是放弃自己的生活方式，两者都是合乎理性的。此时，究竟谁应该做出让步，合乎理性就不能给我们一个明确的答案。

其次，宽容的范围问题。罗尔斯所讲的理性多元论事实指的是善观念的多元，因此奠基于合乎理性的宽容观所处理的问题限于善观念领域的合理与不合理之间。当今，还有一些来自于群体身份、群体认同领域的宽容问题，这些问题部分地与善观念冲突问题重合，但又不同于善观念的冲突，有着自己独特的诉求空间，因而罗尔斯的宽容观对这类问题不能做出充分的回应。

罗尔斯主张，当今民主社会的一个永久性特征是合乎理性的哲学学说、宗教学说和道德学说的多样性，其个人宽容应对的是"在善观念相互冲突的情况下，自由而平等的公民如何相互承诺宽容"，政治宽容应对的是"如何基于合乎理性而保持对于各完备性学说的中立，进而达到一种自立的政治正义观念"。其中展现了作为不干涉的消极的宽容，有理性的人对另一个有理性的人的合乎理性的完备性学说的不干涉，以及政府对于所有公民的合乎理性的完备性学说的不干涉。这是当今宽容问题的一个方面，而现在文化多元的问题使得宽容问题变得更加紧迫，也更加复杂、难于处理。随着1971年在加拿大开始的文化多元主义运动，如何应付文化多元的问题就成为政治哲学研究不可卸下的重担。在文化多元主义运动中，少数群体要求消除历史上或现实中的歧视，不仅承认他们的完全公民身份，而且承认他们的特殊性。在这些要求中，一部分是承认群体特殊性、不干涉群体内部事务的要求，一部分是干涉其他群体对这个群体的干涉的要求。在这些要求中，承认、不干涉和干涉的要求纠缠在一起，单单求助于作为不干涉的消极宽容已经不能满足这种需要。为了回应他们的诉求，我们还应该主张一种作为承认的积极宽容。姑且不论这种作为承认的积极宽容是否能既照顾群体诉求，又照顾群体内部的平等和群体之间的平等。但是有一点可以肯定，一种不干涉的宽容，即把群体认同、群体身份等东西括弧起来、避而不谈的做法，越来越受到人们的质疑。罗尔斯的理性多元论事实没有考虑到文化多元的问题，主张的又是一种作为不干涉的宽容，因此对需要一种作为承认的宽容才能解决的文化多元问题不能做出很好的回应。

所以，罗尔斯在《政治自由主义》中面对民主社会理性多元论事实的永久性特征，捍卫了一种基于合乎理性的宽容观。这种宽容观为个人宽容和政治宽容提供基础的同时，也存在着自身的局限性，其合乎理性的论证在"谁应该让步"的问题上不能提供明确指导，而且作为宽容的主观环境——理性多元论这一事实没有考虑文化多元的问题，因而不能对少数群体的认同诉求做出充分回应。

3　社群主义：在个人自主与社会构成之间①

社群主义认为，自由主义宽容观对社群的价值有腐蚀作用。在社群主义者看来，社群拥有共同的价值、规范和目标，其中每个成员都把共同目标当成自己的目标。因此，社群不仅仅是一群人，而是一个整体。桑德尔（M. J. Sandel）强调社群在一定程度上构成了个人的自我认同。在《自由主义与正义的局限》一书中，他区分了三种社群概念：手段性社群、情感性社群和构成性社群。手段性社群基于传统的个人主义假设，认为主体的自利动机是自然而然的。②在这种社群中，社会对于个人而言是一种负担，个人完全出于自利而进行合作。罗尔斯认为社群的参与者有某种"共享的终极目的"，并且认为合作本身就是一种善。这种社群融入参与合作的人们的情感之中，可以称之为情感性社群。在桑德尔看来，这两种对社群的解释都是个人主义的，相反，他认为社群描述的"不只是他们作为公民拥有什么，而且还有他们是什么；不只是他们所选择的一种关系（如同在一个志愿组织中），而是他们发现的依附；不只是一种属性，而且还是他们身份的构成成分"。③这种构成性社群是个人认同的来源。对于这种构成性社群，另一位社群主义者丹尼尔·A. 贝尔（Daniel A. Bell）进一步将它分成三种类型，即以地理位置为基础的地区性社群、共有一个具深刻道德意义的历史的不相识的人的记忆性社群和为信任、合作与利他主义意识所支配的、面对面的有人际

---

① 本部分内容见刘曙辉《试论社群主义的"社会构成论题"》，《新视野》2006 年第 6 期。

② 〔美〕桑德尔：《自由主义与正义的局限》，万俊人等译，译林出版社，2001，第 179～180 页。

③ 〔美〕桑德尔：《自由主义与正义的局限》，万俊人等译，第 181～182 页。

交往的心理性社群,[1] 并且指出，这些构成性社群不仅为我们解答"我们是谁"的问题，并为我们提供一个有意义的思考、行动和判断的背景性框架。一旦割断与它们的联系，我们将无所适从。不论是作为个人的情感和信仰的归属，还是作为共同的记忆和历史，社群在一定程度上都影响和塑造了个人认同。个人通过在各种各样的社群中的成员资格而不是抽象的个人性来确定自己的身份，并为他人所确认。

总而言之，自我被"镶嵌于"或"置于"现存的社会常规之中，我们不可能选择退出这些社会常规。我们必须至少把某些社会角色和社会关系当作为个人深思的目的而给定的内容。[2] 社群主义主张的"社会构成论题"之所以重要，不仅仅是因为它重视社群价值，而且因为它提出了一种与"原子论"个人主义的设定完全不同的关于人格的形上设定，而这种设定将动摇传统自由主义的根基。

社群主义的"社会构成命题"强调社群对个人认同的构成性作用，强调我们在社群中才成为人，这对强调个人权利而忽视社会责任、强调个人选择而忽略使个人选择得以进行的背景和资源而造成的社会凝聚力不够有很好的纠偏作用。但是这也易于走向另一个极端，即过分强调社群对个人的构成性作用乃至认为社群对个人起决定性作用，否定个人的自主性，成为一种新的极权主义。要捍卫"社会构成论题"，但又不至于使社群成为掩盖一些非理性的、非正义的东西的场所，社群主义者还需要进一步明确自身所赞成的是何种社会构成，这种社会构成与极权主义意义上的社会构成有何区别，

---

① 〔美〕贝尔：《社群主义及其批评者》，生活·读书·新知三联书店，2002，第 19 页。
② 〔加拿大〕威尔·金里卡：《当代政治哲学》（下册），刘莘译，上海三联书店，2004，第 404 页。

更重要的是，这种社会构成与个人自主具体是何种关系。

第一，一般维持意义上的社会构成。社群是个人的基本构成因素，但接下来还需要追问，假如说一个存在者是被社会构成的，具体意思是什么？是说这个存在者由这个社群所维持还是说这个社群对于这个存在者的原初起源是必要的？也就是说，"社会构成论题"是一个关于存在者的简单的起源的主张还是一个关于如何维持存在者的主张？此外，"社会构成论题"是解释作为一般的人的存在者还是解释作为特殊的人的存在者？如果是前者，它或者解释存在者如何成为人或者如何继续保持为人；如果是后者，它或者解释存在者如何成为特殊的人或者解释存在者如何继续保持为特殊的人。①

社群主义主张社群是个人的基本构成要素，并且认为其"社会构成论题"解释的是作为一般的人的存在者如何继续保持为人。首先，它着眼的是作为一般的人的存在者，即人格。人格在本质上依赖于社群，社群的缺席意味着我们作为人的本质特性的丧失。这里所强调的不是特殊的人，也不是说任何特殊的人的所有特性都由社群所维持，而只是说一旦离开了社群，人将丧失全部或者部分人格。其次，它解释的是存在者人格的继续保持。我们作为人的原初存在起源于社群，而且我们作为人的继续存在也有赖于社群。麦金太尔认为，"如果与城邦分离开来，一个人只可能反过来成为一个野蛮的动物"。② 桑德尔也认为，个人认同在某种程度上是由他（她）所属的社群所定义，是社群决定了"我是谁"。泰勒则认为，一个人只有

---

① Cohen, A. J., "Communitarianism, Social Constitution and Autonomy", *Pacific Philosophical Quarterly*, 1999, 80, p. 123.

② 〔美〕阿拉斯戴尔·麦金太尔：《谁之正义？何种合理性？》，万俊人等译，当代中国出版社，1996，第139页。

在其他自我之中才是自我。在不参照他周围的那些人的情况下，自我是无法得到描述的。我的自我定义被理解为对我是谁这个问题的回答，而这个问题会在说话者的交替中发现其原初含义。我通过我从何处说话，根据家谱、社会空间、社会地位和功能的地势、我所爱的与我关系密切的人，关键的还有在其中我最重要的规定关系得以出现的道德和精神方向感，来定义我是谁。① 我们作为人的存在源自我们在社群中的存在，我们作为人的继续存在也有赖于我们在社群中的继续存在；我们不仅在社群中获得对我们个人认同的原初定义，并且通过在社群中的继续存在、通过在社群中与他者的对话来丰富和发展我们个人认同的内涵。但社群主义者必须明确指出，这种依赖是在一般意义上来讲的，而且在程度上也不是绝对的，这样才能为个人自主留下空间。②

与之相比，极权主义主张个人完全为社群所决定，是一种决定论意义上的社会构成。首先，这种社会构成着眼于作为特殊的人的存在者，而不是着眼于作为一般的人的存在者。也就是说，每一个特殊的人的特性都由社群所决定，没有个性，只有共性。其次，这种社会构成主张社群在任何时间都决定了任何特殊的人。我们不仅在社群中成为某个特殊的人，而且这个社群继续维持我们成为我们。社群决定了我们是谁，所以我们无能选择我们将成为谁；同样，我们的社会角色决定了我们的行为，每一行为都可以从社会角色对我们所提出的要求的角度进行解释，不存在也不允许与社会角色要求

---

① 〔加拿大〕查尔斯·泰勒：《自我的根源：现代认同的形成》，译林出版社，2001，第 48~49 页。

② Cohen, A. J., "Communitarianism, Social Constitution and Autonomy", *Pacific Philosophical Quarterly*, 1999, 80, p. 131.

不相符合的个人行为。显而易见，在极权主义模式下，个人完全没有自主。

第二，社会构成与个人自主的相容。在澄清"社会构成"是一般维持意义上的社会构成，并划清与极权主义的界限之后，社群主义者接下来的要务就是分析这种社会构成与个人自主是否相容。一般维持意义上的社会构成是否也会取消个人自主，而走向极权主义，这是社群主义的批判者的忧虑所在，也是社群主义者意欲避免的。社群在多大程度上构成了个人认同，个人又在多大程度上独立于社群？社群是个人的"牢笼"还是个人的"家园"？社群主义者认为，一个健康的社群不会以牺牲个人自主为代价，但他们对个人自主的含义以及社会构成与个人自主两者的关系的探讨还不够明确、深入。在此，有必要先从个人自主的含义入手。

所谓个人自主，简单地说，就是一种自我管辖、自我决定。自主是康德伦理学理论的中心概念。① 在他看来，如果一个道德行为者的意志不为外界因素所决定，而且他能仅仅依据理性而应用法则于自身的话，那么他就是自主（律）的。反之，如果人们的意志为外部因素，包括人的欲望所控制的话，那么行为者就是他律的。自主与自由相联系，并且是将责任归属于行为者的必要条件。

康德主要从意志自由的角度来透视自主，如果我们把目光锁定在自由主义—社群主义的争论中，或者更广一些，各种对社群主义的反驳，个人自主则是指个人独立于社群的自决能力，即个人独立。需要指出的是，这种独立不是就不依赖于空气、水和食物等维持生

---

① Cohen, A. J., "Communitarianism, Social Constitution and Autonomy", *Pacific Philosophical Quarterly*, 1999, 80, p. 127.

命所必需的物品而言，而是就不依赖于社群而言。

相对于社群的限制来说，个人独立有着不同的含义。第一种独立是本体论意义上的，即无论是作为一般的人，还是作为特殊的人，我们既不靠社群来创造，也不靠社群来维持。这种独立是原子论的，它要求把个人当成原子，在没有社会支持的情况下，个人既能够产生出来，也能继续存在和采取行动。社群主义者极力反对这种意义上的独立，认为这正是现代社会各种问题的病根之所在。第二种独立是自然意义上的独立，意思是，尽管一般的人的产生或维持并不依赖于任何事物，但是特殊人的产生依赖于他（她）在社会世界中的位置。社群主义的"社会构成论题"针对一般的人而言，指人格的产生或维持依赖于社群，但没有明确规定特殊人的产生和继续存在也受社群的严格限制。第三种是社会意义上的独立，指的是一般的人的产生和继续存在依赖于他（她）在社会世界中的位置和社会的排序，但是，特殊的人的产生和继续存在可以独立于社会世界。①也就是说，人格的产生和维持都离不开社群，但是人的特殊性的产生和维持可以独立于社群。

从对个人独立的含义的分析，我们得知社群主义所赞成的是社会意义上的独立，而这种独立显示个人自主与社群主义所主张的一般维持意义上的社会构成是相容的。两者都着眼于一般的人，并且认为人格的产生和维持离不开社群，而对人的特殊性的产生与维持则没有做出限制。两者的相容告诉我们，问题不在于社会构成是否与个人自主相容，而在于是何种社会构成与何种个人自主的相容。

---

① Cohen, A. J., "Communitarianism, Social Constitution and Autonomy", *Pacific Philosophical Quarterly*, 1999, 80, p. 129.

通过对社会构成及其与个人自主的关系的透彻分析，社群主义既能避免极权主义，又能保持自己批判"原子论"个人主义的锋芒。这成为新一代社群主义者努力的方向。

4　文化多元主义与宽容①

第二次世界大战以后，西方世界出现了多元文化并立的现象，一些国家出现了群体冲突问题。这些群体有着不同的集体认同，主要包括民族、移民、原住民、种族群体、宗教群体、性别群体、同性恋群体、残障人士等。从更广泛的范围看，还包括不同的文明。这些非主流群体出于对自身在历史上或现实中所处地位（被边缘化、被排斥、被迫沉默或者被迫同化）的不满，要求所在国家调整现有法律和政策的边界和框架，甚至要求彻底变更法律，寻求对其集体认同的承认。这些都是文化多元主义的表现。文化多元主义认为，自由主义的宽容无法应对人们的认同诉求，因而提出自己的宽容主张。遗憾的是，文化多元主义本身也存在宽容的困境。

文化多元主义是为了克服种族主义、性别主义等歧视而强调不同文化独特性的事实性描述或政策，它分为描述性和说明性两个层面。描述性文化多元主义又可以分为城市、国家和全球三个层次。从城市范围来看，文化多元主义用来指城市中不同文化共存的特定地区。从国家范围来看，文化多元主义经常用来描述展示一系列风格迥异的文化群体的社会（特别是国家），通常是移民的结果。这一方面可能会导致对国家身份稳定性的担忧，另一方面也会产生有利

---

① 本部分内容请参见刘曙辉《文化多元主义与宽容》，《湖南科技大学学报》（社会科学版）2008 年第 3 期。

于不同文化群体之间的文化交流，这种文化交流从文学、艺术和哲学到音乐、服装和烹饪。从全球范围来看，文化多元主义用来描述世界各大文明如儒家文明、伊斯兰文明、犹太文明和基督教文明等各不相同但又相互共存的现象。遗憾的是，文化多元主义还未扩展到这个层次，而主要局限于国家内部的文化多样性问题上。可以预料，提倡不同文明之间的交流和对话，避免文明冲突将成为文化多元主义理论努力的新方向。文化多元主义也可以作为形容政府政策的说明性术语。一个最显著的主题是政府对待移民群体及其文化的政策。单一文化论的政策致力于同化移民群体并将他们整合进国家文化之中。这种类型的国家把自己定义为一个不可分割的整体，不承认其中有其他民族的存在。熔炉论主张文化的相互混合并在没有国家干预的条件下合并在一起。与上述两种政策不同，文化多元主义认为移民及其他人有权保持他们自己的文化，从而使得一个国家内部的不同文化之间和平互动，形成一种文化镶嵌的状态，而不只是混合在一起。除了用来指对待移民群体的政策外，文化多元主义还包括对待女性、同性恋者、残障人士以及其他种族文化群体（包括少数民族、原住民、种族群体和宗教群体等）的政策。需要注意的是，没有一个国家完全属于这三种的一种或另一种。比如，加拿大在移民问题上采纳的是文化多元主义的政策，但是在其他方面有着许多鼓励同化的政策。

文化多元主义的核心主张是群体权利的诉求。从群体权利的角度看，文化多元主义经历了三个发展阶段。第一阶段是社群主义的文化多元主义，文化多元主义的捍卫者拒斥自由主义的原子式个人观，认为个人镶嵌于特殊的社会角色和社会关系之中，不可能脱离其文化传统和社群而存在。第二阶段是自由主义框架内的文化多元主义，大多数种族文化群体开始为完全公民身份（full citizenship）而奋斗，寻求成为现代自由主义社会中完整的和平等的参与者。第三阶段是对民族建构进行回应的文化多元主义。论辩围绕两个问题展开，一个问题是大多数人所致力于的民族建构是否会对少数群体产生非正义，另一个问题是针对这些非正义，群体权利是否有助于保护这些群体。那么，究竟什么是群体权利？群体权利是指保护人们免受对其群体身份和群体利益的攻击的权利。与个人权利相比，此时的权利主体是群体，而不是个人。群体权利分为两类，第一类是"对内限制"的群体权利，它针对的是群体成员，旨在保护群体不受来自内部分离因素的影响，从而维护群体的稳定。如果群体成员决定不再遵守传统惯例或习俗，这一行为对所在群体的稳定将是一种威胁。此时，如果群体要求以国家的名义限制这部分成员退出的权利，那它诉求的就是一种"对内限制"的权利，涉及群体内部的关系。但是，如果自由主义国家同意这一要求，这将有损自由主义的理论一致性。因为有些种族文化群体也许会以群体团结的名义寻求运用国家权力来限制其成员的个人权利，从而导致对个人的压迫。承认它们拥有"对内限制"的群体权利，等于承认它们可以践踏其成员的个人权利，而这显然与自由主义对个人权利的捍卫是相矛盾的。第二类是"涉外保护"的群体权利，它针对的是更大的社会，旨在保护群体不受外部压力的影响，例如，更大社会中的经济或政治决策。但是，这可能会导致群体之间的不公平，保护某个群体的独特性有可能使另一个群体处于被边缘化或被隔离的境地。例如，奥金（Okin）指出，保护文化多样性这一诉求不应遮蔽许多少数民族文化在性别角色上的歧视本性。也就是说，文化不能用做击退女性主义运动的借口。如何体现群体之间的公平和正义，如何平衡不同群体之间相互冲突的权利诉求，这是文化多元主义者不得不面对的问题。

文化多元主义运动具有两面性，即落后的一面和进步的一面。例如，保守主义者承认群体之间的多样性，却排斥群体内部的多样性。他们担心自由主义和个人自主会不断侵蚀文化共同体的传统习俗和常规，使得共同体失去追求共同利益政治的能力，因此时常诉求文化多元主义的观念来限制群体与外界的接触，阻止群体内部的变化。这是文化多元主义落后的一面。但是，文化多元主义更多的是对那些侮辱和排斥少数群体的社会常规的挑战，是对现实中不平等地位的挑战，是对由宗教、种族、性别或性别倾向等因素在社会中产生的特权地位的挑战，表现了进步的一面。如何缓解不同群体权利诉求之间的矛盾和冲突，如何在群体权利和个人权利之间求得平衡，这显然超出了基于个人权利的宽容理念所能应付的范围。

结 语

　　宽容精神体现在苏格拉底的对话方法中，也体现在基督教有关爱、两个王国和良心自由的思想中。17世纪，宗教改革和反宗教改革引发了宗教战争，学者们开始意识到不宽容的破坏力，并通过重新考察宽容的《圣经》根源和重新考虑宗教信仰和政治权力之间的关系来限制其破坏力，主要代表人物如斯宾诺莎与洛克。18世纪，宽容讨论与怀疑论和对专制主义的批判联系一处，主要代表人物有伏尔泰和康德。伏尔泰认为宽容来自于人的脆弱性和可错性。在《什么是启蒙？》中，康德主张一种开明的政治权力形式，允许国民之间相互辩论，只要他们保持对权威的服从。在《论永久和平》中，康德认为，哲学家应该被允许和鼓励公开演讲。公开辩论和讨论导向真理，国王不必害怕真理。在《单纯理性限度内的宗教》中，他反对宗教不宽容，指出尽管我们确信我们的道德义务，但是人们并不绝对确信上帝的命令。因此，违背道德的宗教信仰（例如烧死异教徒）永远得不到证明。19世纪，密尔的《论自由》标志着向现代宽容观念的转变，宽容不再被限制在宗教差异上，宽容也被用来处理其他文化、社会和政治的多样性。20世纪的血腥历史让许多人认为需要宽容来结束政治和宗教暴力。宽容得到许多人的捍卫，例如伯林、沃尔泽和罗尔斯。但是，它也受到马尔库塞等人的批判，认为宽容及其国家中立的理想只是另一种西方霸权观念。

历史告诉我们，宽容观念是多方面的。一是作为许可，体现多数与持异议的少数的一种等级关系；二是共存，体现力量大致相等的行为主体的一种水平关系；三是尊重，这又可以分为形式平等和实质平等两种模式；四是尊敬，它意味着公民之间的相互承认。不同的哲学家主张不同的宽容观念，在宽容的对象、宽容的证明或宽容的限度上展开不同的论述。在这些论述中，西方哲学家们主要围绕三个重要的问题。

第一，宽容与真理。苏格拉底的对话方法是他追求知识真理的一部分，其中体现了宽容精神。在西方二千多年的历史中，宽容与真理的关系更多地体现为宽容与宗教真理的关系，其关系主要呈现两种形态：自以为真的宗教真理导致不宽容，宗教在追求真正信仰的基础上选择宽容。这里我们可以以基督教为例。历史上，基督教与犹太教和伊斯兰教、基督教内部天主教与新教、新教内部各宗派在宗教真理问题上展开竞争，演绎出一段段不宽容的历史。宽容精神在基督教爱敌人和两个王国的学说中得到展现，但基督教最重要的宽容论据是：只有基于内在确信的信仰才取悦于上帝。奥古斯丁早期捍卫这种爱、两个王国和良心自由的宽容论据，但是后来在面对多纳图派和天主教教会的分裂时，同样的论据也用以证明不宽容和使用武力是基督徒的义务，如果这是拯救他人灵魂的唯一方式。路德宗与加尔文宗受压迫时，它们要求天主教的宽容，而当它们壮大后，却开始迫害天主教徒和异端。卡斯特利奥抨击了天主教和加尔文宗的实践，主张良心自由是真正信仰的必备条件。可以说，奥古斯丁、路德宗、加尔文宗从主张宽容到实施不宽容展现了作为许可的宽容观念的局限性。

第二，宽容与权利。1562 年，凯瑟琳颁布"宗教宽容法令"，确立新教在法国的合法地位。1598 年，法国亨利四世颁布《南特敕令》，给予胡格诺派教徒宗教自由和充分的公民权。1689 年，英国议会通过《容忍法案》，承认各教派的信仰自由，并允许拥有自己的礼拜场所和传教士。这些是作为共存的宽容观念的典型事例。但是，这些法令寿命都较短，从事实层面证明了作为共存的宽容观念的不稳定性，而这种宽容的证明基本上是从国内和平、秩序和统一等权宜的角度入手的。

自由主义宽容正是在宗教战争的背景下慢慢发展出来的，它集中体现了作为尊重的宽容观念，而核心论据就是个人权利。洛克在个人自然权利的基础上区分了国家与教会，认为国家的义务是保护公民的"公民权利"，灵魂是个人与上帝之间的事，不属于国家关注的范围。教会是一个自愿的组织，在基于被统治者同意基础上的合法政治秩序里无权使用武力。但是，洛克对天主教和无神论是不宽容的，因为前者没有正确认识自身在公民社会中的适当位置，后者不承认存在更高的道德权威，因而会破坏社会秩序的基础。

密尔不再囿于宗教问题，而将宽容扩展到其他不可调解的文化、社会和政治多样性之上，标志着向现代宽容观念的转变。密尔提供了四个主要的宽容论据。首先，按照"不伤害原则"，只有当防止另一个人对一个人实施的严重伤害是必要的，政治或社会权力的实施才是合法的，不能以家长制的形式强加某种善观念。其次，以认识论上的可错论，"我们永远不能确信我们所力图窒闭的意见是一个谬误的意见；假如我们确信，要窒闭它也仍然是一个罪恶"。再次，按照功利主义考虑，不只是正确的观念，错误的观念也可以导致生产性的社会学习过程。最后，对不寻常的"生活实验"的宽容以一种浪漫主义的形式得到证明，强调个性和原创性的价值。罗尔斯在《正义论》中讨论了宽容不宽容者等问题，在《政治自由主义》中他从宽容的自主论证转向宽容的合乎理性论证，进一步扩大了宽容的范围。

第三，宽容与认同。自由主义宽容把所有问题都化约为善观念的冲突，而当今宽容问题更多来自于认同冲突。因为他们是后来者（如移民），或者因为他们以前是被压迫的或不可见的，有些群体往往被排除在完全公民身份之外。此时，使宽容成为问题的主要不是道德冲突，而是社会地位、身份和公开承认的不对称。公开承认这些群体的差异是将被边缘化、被压迫或不可见的群体包括到完全公民资格中来的第一步。作为不干涉的消极宽容已经不能满足需求，而应该走向积极宽容，也即一种作为尊敬的宽容观念。

通过再现历史上的宽容思想，我们不仅具体了解了四种宽容观念，而且从中可以看出宽容大致经过了从真理诉求到权利诉求再到认同诉求的发展路径，宽容概念本身的复杂性也由此呈现。在当今西方世界的宽容图景中，以上三种诉求相互纠缠，宽容问题因而变得愈加复杂。

参考文献

中文

〔德〕阿多尔诺:《否定的辩证法》,张峰、徐崇温译,重庆出版社,1993年。

〔美〕阿伦特:《极权主义的起源》,林骧华译,时报文化出版企业有限公司,1995年。

〔美〕阿伦特:《人的条件》,竺乾威等译,上海人民出版社,1999年。

〔古罗马〕奥古斯丁:《论三位一体》,周伟驰译,上海人民出版社,2005年。

〔古希腊〕柏拉图:《理想国》,郭斌和等译,商务印书馆,1986年。

〔英〕鲍曼:《现代性与大屠杀》,杨渝东、史建华译,译林出版社,2002年。

〔英〕波普尔:《猜想与反驳:科学知识的增长》,傅季重等译,上海译文出版社,2005年。

〔英〕伯林:《自由论》,胡传胜译,译林出版社,2003年。

陈嘉明：《知识与确证——当代知识论引论》，上海人民出版社，2003年。

陈伟：《阿伦特的极权主义研究》，《学海》2004年第2期。

陈肖生：《自由主义的宽容：内与外》，见《外国哲学》第21辑，商务印书馆，2012年。

慈继伟：《正义的两面》，生活·读书·新知三联书店，2001年。

〔美〕丹尼尔·贝尔：《社群主义及其批评者》，李琨译，生活·读书·新知三联书店，2002年。

〔古罗马〕德尔图良：《护教篇》，涂世华译，商务印书馆，2012年。

〔法〕德里达：《世纪与宽恕》，金丝燕译，见乐黛云、李比雄编《跨文化对话》，上海文化出版社，2000年。

杜小真等：《德里达中国讲演录》，中央编译出版社，2003年。

〔法〕伏尔泰：《论宽容》，花城出版社，2007年。

〔法〕福柯：《词与物——人文科学考古学》，莫伟民译，上海三联书店，2001年。

〔英〕格雷：《伯林》，马俊峰等译，昆仑出版社，1999年。

〔英〕格雷：《自由主义的两张面孔》，顾爱彬等译，江苏人民出版社，2002年。

〔德〕哈贝马斯：《包容他者》，曹卫东译，上海人民出版社，2002年。

〔德〕哈贝马斯：《我们何时应该宽容——关于世界观、价值和理论的竞争》，章国锋译，见《马克思主义与现实》2003年第1期。

〔德〕哈贝马斯：《重建历史唯物主义》，郭官义译，社会科学文献出版社，2000年。

贺来：《宽容意识》，吉林教育出版社，2001 年。

〔美〕赫施：《宽容：在意志自由与真理之间》，黄育馥译，《第欧根尼》1998 年第 1 期。

〔德〕黑格尔：《精神现象学》（上卷），贺麟等译，商务印书馆，1979 年。

黄书进：《物质本质一元论》，西苑出版社，1998 年。

〔英〕霍布斯：《利维坦》，黎思复、黎廷弼译，商务印书馆，1985 年。

〔德〕加达默尔：《真理与方法——哲学诠释学的基本特征》（上卷），洪汉鼎译，上海译文出版社，1999 年。

〔德〕康德：《历史理性批判文集》，何兆武译，商务印书馆，1991 年。

〔德〕康德：《单纯理性限度内的宗教》，李秋玲译，中国人民大学出版社，2003 年。

康晓光：《走近冷漠》，《中国社会导刊》2004 年第 5 期。

〔德〕考茨基：《莫尔及其乌托邦》，关其侗译，生活·读书·新知三联书店，1963 年。

〔德〕考夫曼：《法律哲学》，刘幸义等译，法律出版社，2004 年。

〔英〕拉卡托斯：《科学研究纲领方法论》，兰征译，上海译文出版社，1986 年。

〔英〕拉蒙特：《价值判断》，马俊峰等译，中国人民大学出版社，1992 年。

兰征：《拉卡托斯的科学哲学》，湖北人民出版社，1987 年。

〔法〕勒维纳斯：《塔木德四讲》，关宝艳译，商务印书馆，2002 年。

〔法〕列维－斯特劳斯：《结构人类学》，张祖建译，中国人民大学出版社，2006 年。

娄和标：《本能的渴求和理性的自负——哈耶克对极权主义的深层批判》，《内蒙古社会科学》（汉文版）2005 年第 3 期。

〔法〕卢梭：《论人类不平等的起源和基础》，李常山译，商务印书馆，1962 年。

〔法〕卢梭：《社会契约论》，何兆武译，商务印书馆，2003 年。

〔美〕罗尔斯：《正义论》，何怀宏等译，中国社会科学出版社，1998 年。

〔美〕罗尔斯：《政治自由主义》，万俊人译，译林出版社，2000 年。

〔英〕洛克：《论宗教宽容》，吴云贵译，商务印书馆，1982 年。

〔英〕洛克：《政府论》，瞿菊农等译，商务印书馆，1982 年。

马德普：《价值多元论与普遍主义的困境》，《天津师范大学学报》（社会科学版）2001 年第 6 期。

〔美〕麦金太尔：《德性之后》，龚群等译，中国社会科学出版社，1995 年。

〔美〕麦金太尔：《三种对立的道德探究观》，万俊人等译，中国社会科学出版社，1999 年。

〔美〕麦金太尔：《谁之正义？何种合理性?》，万俊人等译，当代中国出版社，1996 年。

〔英〕密尔：《论自由》，许宝骙译，商务印书馆，1959 年。

〔英〕弥尔顿：《论出版自由》，吴之椿译，商务印书馆，1958 年。

〔法〕莫斯科维奇：《群氓的时代》，许列民等译，江苏人民出版社，2003 年。

〔美〕庞德：《通过法律的社会控制　法律的任务》，沈宗灵等译，商务印书馆，1984 年。

〔美〕皮尔斯:《皮尔斯文选》,涂纪亮等译,社会科学文献出版社,2006年。

〔美〕桑德尔:《自由主义与正义的局限》,万俊人等译,译林出版社,2001年。

〔荷兰〕斯宾诺莎:《神学政治论》,温锡增译,商务印书馆,1963年。

〔加拿大〕泰勒:《自我的根源:现代认同的形成》,韩震等译,译林出版社,2001年。

涂纪亮:《美国哲学史》(第二卷),河北教育出版社,2000年。

涂文娟:《捍卫行动——汉娜·阿伦特的公共性理论研究》,清华大学哲学系博士学位论文,2006年。

万俊人:《寻求普世伦理》,商务印书馆,2001年。

万俊人:《再说"道德冷漠"》,见《我们都住在神的近处》,辽宁人民出版社,1998年。

王巍:《相对主义:从典范、语言和理性的观点看》,清华大学出版社,2003年。

王寅丽、陈君华:《浮上水面的潜流——汉娜·阿伦特论公共领域的衰落》,见《华东师范大学学报》(哲学社会科学版)1998年第6期。

〔德〕韦尔施:《我们的后现代的现代》,洪天富译,商务印书馆,2004年。

〔美〕沃尔泽:《论宽容》,袁建华译,上海人民出版社,2000年。

〔英〕休谟:《道德原则研究》,曾晓平译,商务印书馆,2001年。

徐贵权:《道德理性、道德敏感与道德宽容》,《探索与争鸣》2006年第12期。

〔古希腊〕亚里士多德：《尼各马可伦理学》，廖申白译注，商务印书馆，2003。

〔古希腊〕亚里士多德：《政治学》，吴寿彭译，商务印书馆，1965 年。

尹树广：《宽恕的条件和界限——苦难意识、记忆理性和有限度的超越性》，《北京大学学报》（哲学社会科学版）2003 年第 5 期。

余涌：《道德权利研究》，中央编译出版社，2001 年。

张淳、陶东风：《阿伦特、卡夫卡与极权主义统治的元素》，《中国图书评论》2007 年第 1 期。

张世英：《自我实现的历程——解读黑格尔〈精神现象学〉》，山东人民出版社，2001 年。

张一兵：《无调式的辩证想象：阿多尔诺〈否定辩证法〉的文本学解读》，生活·读书·新知三联书店，2001 年。

英文

Bayle, P., *Philosophical Commentary*, tr. and ed. by A. Godman Tannenbaum, New York: Lang, 1987.

Berlin, I., "Two Concepts of Liberty", in *Four Essays on Liberty*, Oxford University Press, 1969.

Bodin, J., *Colloquium of the Seven about Secrets of the Sublime*, tr. by M. Kuntz, Princeton University Press, 1975.

Bodin, J., *The Six Books of a Commonweal*, tr. by R. Knolles, ed. by J. McRae, Harvard University Press, 1962.

Brown, W., *Regulating Aversion*: *Tolerance in the Age of Identity and Empire*, Princeton University Press, 2009.

Budziszewski, J. , *True Tolerance: Liberalism and the Necessity of Judgement*, *Transaction Publishers*, 1992.

Castellio, S. , *Concerning Heretics: Whether they are to be Persecuted*, tr. and ed. by R. Bainton, New York: Columbia University Press, 1935.

Creppell, I. , "Locke on Toleration: The Transformation of Constraint", *Political Theory*, 1996, 24 (2).

Creppell, I. , "Montaigne: The Embodiment of Identity as Grounds for Toleration", *Res Publica*, 2001, 7 (3).

Curley, E. , "Castellio Vs. Spinoza on Religious Toleration", *The Proceedings of the Twentieth World Congress of Philosophy*, 2000, 7.

Cusa, N. , On Peaceful Unity of Faith, in *Complete Philosophical and Theological Treatises of Nicholas of Cusa*, tr. by J. Hopkins, Vol. 1, Banning, 2001.

Dees, R. H. , "Establishing Toleration", *Political Theory*, 1999, 27 (5).

Dees, R. H. , "Trust and the Rationality of Toleration", *Noûs*, 1998, 32 (1).

Durfee, H. A. , "Karl Jaspers as the Metaphysician of Tolerance", *International Journal for Philosophy of Religion*, 1970, 1 (4).

Fiala, A. , "Stoic Tolerance", *Res Publica*, 2003, 9 (2).

Fiala, A. , *Tolerance and the Ethical Life*, New York: Continuum, 2005.

Fopp, R. , "Repressive Tolerance: Herbert Marcuse's Exercise in Social Epistemology", *Social Epistemology*, 24 (2).

Forst, R. , "Pierre Bayle's Reflexive Theory of Toleration", in *Toler-

ation and its Limits, eds. by M. Williams and J. Waldron, New York University Press, 2008.

Forst, R. , "The Limits of Toleration", *Constellations*, 2004, 11 (3).

Forst, R. , "Toleration, Justice and Reason", in *The Culture of Toleration in Diverse Societies*, eds. by C. McKinnon and D. Castiglione, Manchester University Press, 2003.

Forst, R. , *Contexts of Justice*, tr. by J. Farrell, University of California Press, 2002.

Forst, R. , *The Right to Justification*: *Elements of a Constructivist Theory of Justice*, ed. by A. Allen, Columbia University Press, 2012.

Forst, R. , *Toleration in Conflict*: *Past and Present*, tr. by C. Cronin, Cambridge University Press, 2012.

Galeotti, A. E. , " Citizenship and Equality: The Place for Toleration", *Political Theory*, 1993, 21.

Gilbert, P. , "Toleration or Autonomy?", *Journal of Applied Philosophy*, 2000, 17 (3).

Gray, J. and Smith, G. W. , eds. , *J. S. Mill*: *On Liberty in Focus*, Routledge, 1991.

Greif, G. F. , "Tolerance and Individuality", *Journal of Value Inquiry*, 1974, 8 (1).

Habermas, J. , *Moral Consciousness and Communicative Action* Cambridge, MIT Press, 1990.

Heyd, D. , ed. , *Toleration*: *An Elusive Virtue*, Princeton University Press, 1996.

Horton, J. , ed. , *Liberalism*, *Multiculturalism and Toleration*, Macmillan, 1993.

Horton, J. and Mendus, S. , eds. , *John Locke: A Letter Concerning Toleration in Focus*, Routledge, 1991.

Horton, J. and Nicholson, P. P. , eds. , *Toleration: Philosophy and Practice*, Aldershot: Avebury, 1992.

Horton, J. , "Three (Apparent) Paradoxes of Toleration", *Synthesis Philosophica*, 1994, 17.

Horton, J. , "Toleration as a Virtue", in *Toleration*, ed. by D. Heyd, Princeton University Press, 1996.

Jenkinson, S. L. , "Two Concepts of Tolerance: Or Why Bayle is Not Locke", *Journal of Political Philosoph*, 1996, 4 (4).

Jones, P. , "Toleration, Recognition and Identity", *Journal of Political Philosophy*, 2006, 14 (2).

Jones, P. , "Toleration, Religion and Accommodation", *European Journal of Philosophy*, 2012, 20 (3).

Kamen, H. , *The Rise of Toleration*, Weidenfeld & Nicolson, 1967.

Kaplan, B. J. , *Divided by Faith: Religious Conflict and the Practice of Toleration in Early Modern Europe*, Harvard University Press, 2007.

Kilcullen, J. , *Sincerity and truth: Essays on Arnauld, Bayle, and Toleration*, Clarendon Press, 1988.

King, P. , *Toleration*, St. Martin's Press, 1976.

Kymlicka, W. , *Liberalism, Community, and Culture*, Clarendon Press, 1989.

Kymlicka, W. , *Multicultural Citizenship*, Oxford University Press, 1995.

Larmore, C. , *The Morals of Modernity*, Cambridge University Press, 1996.

Laursen, J. C. , "Blind Spots in the Toleration Literature", *Critical Review of International Social and Political Philosophy*, 2011, 14 (3).

Laursen, J. C. , "Spinoza on Toleration", in *Difference and Dissent: Theories of Tolerance in Medieval and Early Modern Europe*, ed. by Nederman and Laursen, Rowman and Littlefield, 1996.

Laursen, J. C. , *Histories of Heresy in Early Modern Europe: For, Against, and Beyond Persecution and Toleration*, New York: Palgrave Macmillan, 2002.

Lessing, G. E. , *Nathan the Wise*, ed. by E. Bell, London, 1888.

Levine, A. , *Early Modern Skepticism and the Origins of Toleration*, Lexington Books, 1999.

Locke, J. , *A Letter Concerning Toleration*, ed. by Tully, Indianapolis: Hackett, 1983.

Luther, M. , "Secular Authority: To what Extent It Should Be Obeyed", in *Martin Luther: Selections From His Writings*, ed. by J. Dillenberger, New York: Anchor Books, 1962.

Mara, G. M. , "Socrates and Liberal Toleration", *Political Theory*, 1988, 16 (3).

Mendus, S. , ed. , *Toleration and the Limits of Liberalism*, London: Macmillan, 1989.

Mendus, S. and Edwards, D. , eds. , *On Toleration*, Oxford University Press, 1987.

Mendus, S. , "Locke: Toleration, Morality, and Rationality", in

John Locke: *A Letter Concerning Toleration in Focus*, eds. by John Horton and Susan Mendus, London: Routledge, 1991.

Mendus, S. , *Justifying Toleration*: *Conceptual and Historical Perspectives*, Cambridge: Cambridge University Press, 1988.

Mendus, S. , *Toleration and the Limits of Liberalism*, Humanities Press, 1989.

Mews, C. J. , "Peter Abelard and the Enigma of Dialogue", in *Beyond the Persecuting Society*: *Religious Toleration Before the Enlightenment*, eds. by John Christian Laursen and Cary J. Nederman, University of Pennsylvania, 1998.

Meyerson, D. , "Three Versions of Liberal Tolerance: Dworkin, Rawls, Raz", *Jurisprudence*, 2012, 3 (1).

Mill, J. S. , *On Liberty*, ed. by G. Himmelfarb, Harmondsworth: Penguin, 1974.

Milton, J. , Aereopogatica, in *Encyclopedia Britannica's Great Books of the Western World*, Vol. 29, University of Chicago Press, 1991.

Montesquieu, *On the Spirit of the Laws*, tr. and ed. by A. M. Cohler, B. C. Miller, H. S. Stone, Cambridge: Cambridge University Press, 1989.

Montesquieu, *Persian Letters*, tr. by C. J. Betts, Harmondsworth: Penguin, 1973.

Mori, G. , "Pierre Bayle, the Rights of the Conscience, the 'Remedy' of Toleration", *Ratio Juris*, 1997, 10 (1).

Ndiaye, A. R. , "Religion, Faith and Toleration", *Diogenes*, 2010, 56 (4).

Nederman, Cary J. , "Toleration in a New Key: Historical and Global

Perspectives", *Critical Review of International Social and Political Philosophy*, 2011, 14 (3).

Newey, G. , "Against Thin-Property Reductivism: Toleration as Supererogatory", *Journal of Value Inquiry*, 1997, 31 (2).

Newey, G. , "Toleration as Sedition", *Critical Review of International Social and Political Philosophy*, 2011, 14 (3).

Newey, G. , *Virtue, Reason and Toleration: The Place of Toleration in Ethical and Political Philosophy*, Edinburgh University Press, 1999.

Newman, J. , *Foundations of Religious Tolerance*, Toronto, Ont. : University of Toronto Press, 1982.

Oberdiek, H. , *Tolerance: Between Forbearance and Acceptance*, Rowman & Littlefield Publishers, 2001.

Paine, T. , *The Complete Writings of Thomas Paine*, ed. by Philip Foner, New York: The Citadel Press, 1945.

Passmore, J. A. , "Fanaticism, Toleration and Philosophy", *Journal of Political Philosophy*, 2003, 11 (2).

Popper, K. , *The Open Society and its Enemies*, Princeton University Press, 1971.

Raphael, D. D. , "The Intolerable", in *Justifying Toleration: Conceptual and Historical Perspectives*, ed. by Susan Mendus, Cambridge University Press, 1988.

Rawls, J. , "The Idea of an Overlapping Consensus", *Oxford Journal of Legal Studies*, 1987, 7.

Rawls, J. , *A Theory of Justice*, Harvard University Press, 1971.

Rawls, J. , *Justice as Fairness: A Restatement*, Harvard University

Press, 2001.

Rawls, J. , *Political Liberalism*, Columbia University Press, 1993.

Rawls, J. , *The Law of Peoples*, Cambridge: Harvard University Press, 2001.

Raz, J. , "Autonomy, Toleration, and the Harm Principle", in *Justifying Toleration: Conceptual and Historical Perspectives*, ed. by Susan Mendus, Cambridge University Press, 1988.

Razavi, Mehdi Amin and Ambuel, David , eds. , *Philosophy, Religion, and the Question of Intolerance*, State University of New York Press, 1997.

Richards, D. A. J. , *Toleration and the Constitution*, Oxford University Press, 1986.

Rorty, R. , *Contingency, Irony, Solidarity*, Cambridge University Press, 1989.

Rosenthal, M. A. , "Tolerance as a Virtue in Spinoza's Ethics", *Journal of the History of Philosophy*, 2001, 39 (4).

Rosenthal, M. , "Spinoza's Republican Argument for Toleration", *Journal of Political Philosophy*, 2003, 11 (3).

Rousseau, J. -J. , *Emile, or On Education*, tr. by A. Bloom, New York: Basic Books, 1979.

Rousseau, J. -J. , On the Social Contract, in *The Social Contract and Other Later Political Writings*, ed. by V. Gourevitch, Cambridge University Press, 1997.

Sandel, M. , "Moral Argument and Liberal Toleration: Abortion and Homosexuality", *California Law Review*, 1989, 77.

Sandel, M. , *Democracy's Discontent*, Harvard University Press, 1998.

Sandel, M. , *Liberalism and the Limits of Justice*, Cambridge University Press, 1982.

Scanlon, T. , "The Difficulty of Tolerance", in *Toleration: An Elusive Virtue*, ed. by D. Heyd, Princeton University Press, 1996.

Sen, A. , "Human Rights and Asian Values", *The New Republic*, 1997, 217 (2 - 3).

Spinoza, B. de, *Tractatus Theologico-Politicus*, 2nd edition, tr. by Samuel Shirley, introduction by Seymour Feldman, Hackett Publishing, 2001.

Stanton, T. , "Sébastien Castellion and Religious Toleration", *The Monist*, 1893, 4 (1).

Steinberg, J. , "Spinoza's Curious Defense of Toleration", in *Spinoza's 'Theological-Political Treatise': A Critical Guide*, ed. by Yitzhak Melamed Michael Rosenthal, Cambridge University Press, 2010.

Tan, Kok-Chor, "Liberal Toleration in Rawls's *Law of Peoples*", *Ethics*, 1998, 108 (2).

Tan, Kok-Chor, *Toleration, Diversity, and Global Justice*, Pennsylvania State University Press, 2000.

Tinder, G. , *Tolerance: Toward a New Civility*, University of Massachusetts Press, 1975.

Voltaire, *Philosophical Dictionary*, Cleveland: World Publishing Co. , 1943.

Waldron, J. , "Locke: Toleration and the Rationality of Persecution", in *John Locke: A Letter Concerning Toleration in Focus*, eds. by John Horton and Susan Mendus, London: Routledge, 1991.

Walker B. , "John Rawls, Mikhail Bakhtin, and the Praxis of Toleration", *Political Theory*, 1995, 23 (1).

Walzer, M. , *On Toleration*, New Haven: Yale University Press, 1997.

Weale, A. , "Toleration, Individual Differences, and Respect for Persons", In *Aspects of Toleration: Philosophical Studies*, eds. by John Horton and Susan Mendus, London: Methuen, 1985.

Weale, A. , "Toleration, Individual Differences, and Respect for Persons," in *Aspects of Toleration*, eds. by J. Horton and S. Mendus, London and New York: Methuen, 1985.

Williams, B. , "Toleration: An Impossible Virtue?", in *Toleration: An Elusive Virtue*, ed. by D. Heyd, Princeton: Princeton University Press, 1996.

Williams, M. and Waldron, J. , eds. , *Toleration and Its Limits*, New York University Press, 2008.

Wolff, R. P. , Marcuse, H. and Moore, B. , *A Critique of Pure Tolerance*, London: Jonathan Cape, 1969.

Zagorin, P. , *How the Idea of Religious Toleration Came to the West*, Princeton: Princeton University Press, 2003.

致　谢

衷心感谢多年来合作导师谢地坤研究员学术上的精心指导和生活上的大力支持。

衷心感谢中国社会科学院哲学所余涌、孙春晨、周晓亮、张慎、杨深、李俊文、张桂娜等老师的指导和帮助。

感谢文中所引文献的作者们，通过文本的学习和对话，我受益匪浅。

感谢丁常春、唐土红、孙卫华、陈俊、张健、意娜、袁清湘、高雄伟等博士后在学术上的支持和鼓励。感谢赵庆杰博士的鞭策和激励。

感谢父母多年来的理解和关爱，我的每一步成长都牵动他们的心。

图书在版编目（CIP）数据

西方哲学史上的宽容思想研究／刘曙辉著． —— 北京：
社会科学文献出版社，2017.5
ISBN 978 - 7 - 5201 - 0882 - 9

Ⅰ.①西…　Ⅱ.①刘…　Ⅲ.①西方哲学 - 哲学思想 -
研究　Ⅳ.①B5

中国版本图书馆 CIP 数据核字（2017）第 095577 号

西方哲学史上的宽容思想研究

著　　者／刘曙辉

出 版 人／谢寿光
项目统筹／袁清湘
责任编辑／陈旭泽

出　　版／社会科学文献出版社·独立编辑工作室（010）59367202
　　　　　　地址：北京市北三环中路甲 29 号院华龙大厦　邮编：100029
　　　　　　网址：www. ssap. com. cn
发　　行／市场营销中心（010）59367081　59367018
印　　装／北京季蜂印刷有限公司

规　　格／开　本：787mm × 1092mm　1/16
　　　　　　印　张：13.75　字　数：165 千字
版　　次／2017 年 5 月第 1 版　2017 年 5 月第 1 次印刷
书　　号／ISBN 978 - 7 - 5201 - 0882 - 9
定　　价／69.00 元

本书如有印装质量问题，请与读者服务中心（010 - 59367028）联系